Trump!

Über den Autor:

Georg Seeßlen, geboren 1948, Publizist. Texte über Film, Kultur und Politik für »Die Zeit«, »Der Spiegel«, »taz«, »konkret«, »Jungle World«, »epd Film« u.v.a. Zahlreiche Bücher (oft zusammen mit Markus Metz), u.a.: »Quentin Tarantino gegen die Nazis. Alles über INGLOURIOUS BASTERDS«; »Blödmaschinen. Die Fabrikation der Stupidität«; »Das zweite Leben des ›Dritten Reichs‹. (Post)nazismus und populäre Kultur« (2 Bände); »Geld frisst Kunst – Kunst frisst Geld«; »Hass und Hoffnung. Deutschland, Europa und die Flüchtlinge«.

Georg Seeßlen

Trump!

*Pop*ulismus als Politik

BERTZ + FISCHER

Bibliografische Information der Deutschen Nationalbibliothek: Die Deutsche Nationalbibliothek verzeichnet diese Publikation in der Deutschen Nationalbibliografie; detaillierte bibliografische Daten sind im Internet über http://dnb.dnb.de abrufbar.

Wrangelstr. 67, 10997 Berlin
Druck: druckhaus köthen, Köthen
Printed in Germany
ISBN 978-3-86505-745-7

Inhalt

Ein Präsident als Abfall der Popkultur

Zwei Erzählungen

Wir lieben Pop, na klar. Pop ist alles, was über das Überleben hinaus Spaß macht und wichtig ist, ohne den Zwangs- und Unterscheidungsmechanismen von »Kultur« zu unterliegen. Und Politik? Na ja, einerseits ist *alles* Politik, und andererseits muss es Politik geben, weil sie über genau das entscheidet, was uns betrifft. Geld, Krieg, Krankenkassen, Straßenreinigung und all das Zeugs. Nicht politisch sein heißt, anderen die Entscheidungen über das eigene Leben zu überlassen.

Ein Leben ohne Pop ist genauso wenig vorstellbar wie ein Leben ohne Politik.

Pop und Politik sind allerdings auch expansive Systeme. Eine schöne Ordnung – sagen wir: Pop ist Pop, und Politik ist Politik! – hat es zwar nie so ganz gegeben, aber es ist bemerkenswert, wie sich im letzten Jahrhundert die Differenzen zwischen Pop und Politik aufgelöst haben, sodass man sich immer häufiger fragen muss: Ist das noch Pop oder schon Politik (bei Kabarettisten, Talkshows, Werbeagenturen, Benefizveranstaltungen und Reality Soaps beispielsweise)? Oder andersherum: Ist das noch Politik oder schon Pop (bei Fernsehauftritten,

Wahlkämpfen, Parteitagen, Hashtag-Schmonzes oder, wiederum, Talkshows und so weiter)? Pop kann und will nicht unpolitisch sein (so sehr es manche Protagonisten auch beteuern), aber offensichtlich kommt auch Politik nicht mehr ohne Pop aus. Pop und Politik verschwimmen immer mehr ineinander, aber sie sind sich auch spinnefeind, weil Pop sich gern in den Subkulturen und schrägen Crossovern herumtreibt, während sich die Politik (jedenfalls in den Zeiten der Demokratiedämmerung) nach dem jeweils schlag- und finanzkräftigsten Mainstream umschaut. In der derzeitigen Phase von Demokratie und Kapitalismus treibt Pop der Ökonomie die Ränder zu, weil »Diversity« gut für Produktivität und Konsum ist, und die Politik treibt dem Mainstream Rassismus und Nationalismus zu, weil das gut für die Macht ist.

Wir leben in zwei großen Erzählungen, mindestens. Die eine ist der ökonomisch-politische Diskurs, der sich auf Informationen, Interessen, Texte, Gesetze und Modelle bezieht. Man findet ihn auf den ersten Seiten der, nun ja, seriösen Zeitungen und in mehr oder weniger klugen Gesprächen über Politik und Wirtschaft. Hier haben alle Dinge ihre Ursachen und ihre Wirkungen, folgen einer allgemeinen Verpflichtung zu Logik und Vernunft und lassen sich, wenn auch mit einigen Anstrengungen hier und dort, am Ende immer erklären. Es ist der Wahn dieser Erzählung, alles Unerklärbare ausschließen zu können.

Die zweite Erzählung ist die des Entertainments, der populären Mythologie: das Kino, der ewig laufende Fernseher, die illustrierte Welt der Promis, Shows und Events, die Stars des Musikbusiness, der Sport, Cartoons, die Werbung. Hier kommt es nicht auf logische Verknüpfungen oder Transparenz der Motive an, sondern auf Emotionen, Bildhaftigkeit, Effekte. Alles entsteht direkt aus dem Ineinander von Begierde und Angst; Panik und Gelächter verknäueln sich; hier das Idyll, dort das Chaos und dazwischen ein ewiger Kampf. Es ist der Wahn dieser Erzählung, sich vom elitären Instrument der Vernunft befreien zu können.

Die beiden Erzählwelten sind sich feind, nicht obwohl, sondern gerade weil der »normale« Mensch unserer Zeit zu lernen hätte, in beiden zu leben und zwischen beiden zu unterscheiden, und gerade weil, wie wir aus der Medienschelte von allen Seiten wissen, diese Unterscheidung immer schwieriger wird. Natürlich orientieren sich die einen mehr hierhin und die anderen mehr dorthin, und auf beiden Seiten, so scheint es, wächst die Zahl der Fundamenta-

Politik & Pop: Der Star und seine Fans ...

... beim Parteitag der Republikaner in Cleveland, 2016

listen. Die einen wollen ums Verrecken nicht mehr aus ihren Pop-Träumen von *Pokémon, Star Wars* oder *Shopping Queen* aufwachen, die anderen strafen mit Verachtung, was nicht auf Information und Meinung zurückgeführt werden kann. Man sieht in der jeweils anderen Erzählung nur noch Kränkung und Wirrnis. Wir sind davon überzeugt, dass die wirkliche Wahrheit über unsere Welt höchstens noch in den neuen TV-Serien oder bei *South Park* zu finden ist, aber zugleich ahnen wir auch, dass auch der tausendste *Tatort* vor allem zur Produktion »guter« Bürgerinnen und Bürger gedreht wurde. Aufrechte Demokraten versuchen die Politik gegen ihre Popisierung zu verteidigen, echte Pop-Aficionados verteidigen ihre Parallelwelten gegen die Politisierung. Jede Seite verbittet sich energisch, von der anderen genauer angeschaut zu werden. Weil, klammheimlich oder nicht, am Ende so etwas wie eine Erlösung zu winken scheint; beide versprechen ihren Adepten eine Utopie, vorneweg in der Geschichte, tief drin in der Imagination. Beide Erzählungen funktionieren nur, weil sie um Tabus herum aufgebaut sind. Die Blindheit der einen ist die Hellsicht der anderen und umgekehrt. Wer in der Welt sein will, muss mit beiden sehen lernen, ohne sich den Blick vernebeln zu lassen. Das gelingt immer weniger, und wenn man so angelegentlich vom Post-Faktischen in der Politik spricht, könnte man genauso von einer endgültigen Verschmelzung von Pop und Politik reden. Mit der medialen Überwältigung kam es dahin, dass sich schließlich nicht bloß zwei Erzählungen, sondern zwei Wirklichkeiten gegenüberstehen.

In der ersten Erzählung ist die Möglichkeit, dass ein Donald Trump Präsident der Vereinigten Staaten werden konnte, nicht vorgesehen gewesen. Ihre Protagonisten sind nach diesem Ereignis ziemlich sprachlos. Es ist nicht nur eine Katastrophe in ihrer Erzählung der Welt eingetreten, es ist vielmehr die Katastrophe der Erzählung selbst. Und selbst wenn sich, wider Erwarten, Donald Trump über Nacht in einen vernünftigen, »berechenbaren«, diskursiv erleuchteten Politiker verwandeln würde, wäre die große Erzählung der ökonomisch-politischen Rationalität unheilbar erkrankt. Die Erzählung der Politik als rationales, diskursives System muss aus der politischen Praxis auswandern. Die aufgeklärte Demokratie, an die die Reste der Zivilgesellschaft immer noch glauben, findet nicht mehr in den Regierungen, den Wahlen, den Medien, den Debatten, den Diskursen statt, sondern sozusagen in einem Latenz-Untergrund. Und auch dazu gibt es eine Erzählung: Im Weißen Haus (zum Beispiel) regiert ein böser

Clown, aber das ist nicht das Ende der Demokratie, es soll, bitteschön, nur eine Pause sein, dann wird die Erzählung der Vernunft, der Faktizität und der Demokratie wieder aufgenommen.

In der zweiten großen Erzählung indes war eine Donald-Trump-Figur auf der Höhe von Macht und Reichtum stets vorhanden, hier als messianische Erwartung, dort als sarkastischer Bruch mit dem guten Geschmack und der systemischen Logik, vor allem aber als ambivalente Figur zwischen Faszination und Abscheu. Hier ist Donald Trump nicht der Bruch mit der grammatischen und stilistischen Verpflichtung der Erzählung, sondern die zugleich magische und karnevalistische Verbindung von vorgeformten Elementen: eine verborgene Wahrheit über die Macht, die Sexualität und den Reichtum, die in verschiedenen Fragmenten immer wieder an die Oberfläche drängt.

In den zwei Wirklichkeiten zu leben bringt einen gewissen Grad an Schizophrenie mit sich. Cher hat das nach der Wahl von Donald Trump treffend ausgedrückt, als sie postete, sie sei zwar geschockt, aber nicht überrascht. Man hat es kommen sehen, auf der einen Seite, und auf der anderen Seite gibt es keine vernünftige Reaktion darauf. Als der offen rassistische Steve Bannon zum »Chefstrategen«

Darth Vader ist im Weißen Haus gelandet (© Riaz786).

Trumps ernannt worden war, brachte er gleich zum Ausdruck, dass er gewillt ist, die Vermischung von Pop und Politik zum Exzess zu treiben: »Finsternis ist gut«, sagte er dem Interviewer des *Hollywood Reporter,* »Dick Cheney. Darth Vader. Satan. Das ist Macht.« Politik, Pop, Religion – alles eins. Und die Weigerung, »vernünftig zu sprechen«, erfüllt genau die Erwartungen, die in so jemanden gesetzt werden.

Denn »vernünftig sprechen« ist ein Kennzeichen von Establishment und Elite. Vernünftig reden kommt gleich nach »politisch korrekt« sein, was im Pop und im Populismus gleichermaßen verhasst ist.

Darth Vader ist also im Weißen Haus gelandet. Eine schwer atmende Projektion. Der Wahnsinn von der dunklen Seite der Macht. Pop ist an die Stelle der Wirklichkeit getreten.

Der Mythos des Volkshelden

Als zentralen Protagonisten der zweiten Erzählung können wir den »Volkshelden« ausmachen. Es ist der Mensch, der seine Interessen gegen das Establishment, eine korrupte Oligarchie, die sich bereichert und ihre Legitimation verloren hat, durchsetzt. Man kann ihn moralisch verbrämen, als einen Robin Hood, der den Reichen nimmt, um den Armen zu geben, als Jesse James oder wenigstens Billy the Kid, den schwer gestörten Revolverhelden, als einen Rebellen aus gekränkter Ehre. Man kann ihn individuell motivieren, zum Beispiel als Figur, die die Sache von Gesetz und Gerechtigkeit selbst in die Hand nimmt, weil es keinen wirklichen Ausgleich zwischen Staat, Gesellschaft und Subjekt gibt. Aber wichtiger für den Volkshelden ist seine narzisstische Lust, seine Gewalt, sein Erfolg. Vielleicht geht es ihm gar nicht darum, die Ordnung nachhaltig zu verändern (weshalb er auch nur eine gewisse Schnittmenge mit dem *working class hero* teilt), sondern vielmehr darum, sie für einen Augenblick außer Kraft zu setzen, wenn es sein muss mit Hinweis auf eine höhere, fiktive Ordnung. Kein Wort kann für einen Volkshelden groß genug sein, um ein Hirngespinst in die Welt zu entlassen, und kein Ritus der »Elite« ist ihm zu nichtig, um ihn nicht lustvoll zu schänden.

Daher werden auch und gerade Gangster und Betrüger, Hochstapler und Gewalttäter zu Volkshelden. Aber auch besonders dreiste Spaßmacher und Clowns, Sänger und Märchenerzähler, Verführer und Betrüger. Der Kerl etwa, der wie Burt Lancaster seine Mitmenschen als *Regenmacher* (1956) verarscht. Mit diesem Lächeln zwischen Dobermann und Sexyness. Hier und da können es auch Tyrannen und Diktatoren sein. Aber auch die Beatles waren Volkshelden, die als unverschämte Kids die Räume und Medien der »Erwachsenen« besetzten und erklärten, sie seien »more popular than Jesus«. Was sie alle eint, diese Volkshelden der Popkultur, die weder links noch rechts sind, aber auch schon gar nichts dazwischen, und deren Gespenster immer wieder ins wirkliche Leben greifen, das ist

Burt Lancaster als *Regenmacher*

nicht nur der Aufstand gegen ein Establishment, das sich selbst bedient und unter sich bleibt, sondern auch gegen einen Geschmack, gegen eine Erzählung, gegen eine Moral, die man mit ihm verbindet.

Diesem Lächeln traut man nicht: Ein (echtes?) »Donald Trump Funny Smiling Picture«

Sie werden nicht nur reich und mächtig (für eine bestimmte Zeit wenigstens), sondern sie entlarven dabei auch die Mythen von Reichtum und Macht.

Sie zeigen, wie lächerlich einfach es ist, ganz nach oben vorzustoßen; sie zeigen, dass die Selbstlegitimationen der Elite Lügen sind. Sie gehen mit beidem, dem Reichtum und der Macht, wie spielende Kinder um, selbstberauscht, verantwortungslos und egoistisch.

Donald Trump als zeitgemäße Variation des Volkshelden hat gewonnen, nicht obwohl, sondern weil er gegen Vernunft, Moral und Geschmack antrat. Gegen das Establishment, gegen einen Pakt von Kapital und Liberalismus. Und natürlich ist es zweitrangig, dass auch das Establishment dieses ist: *partly truth and partly fiction*. (Auch wir, links, demokratisch, kritisch, kurz, die verwirrten Kinder des Diskurses, hatten ja durchaus Gründe, dem Establishment das Recht abzusprechen, einfach immer so weiterzumachen.)

Drei Modelle sind es, die alle Volkshelden-Legenden grundieren. Erstens: Der Aufstand des »einfachen« »Volkes« mit seinem »natürlichen« Empfinden von Gerechtigkeit und Solidarität gegen eine »Elite«, die sich immer weiter von »unseren« Interessen und Empfindungen entfernt. Die sich verfeinert und abschottet, weil sie nicht nur ökonomisch und politisch, sondern auch kulturell funktioniert. (Nur nebenbei: Schauen wir uns alte Volkshelden-Filme an, mit Zorro, Maciste oder Django, dann stehen die »effeminierten«, die »tuntigen« Gecken immer auf der Seite des Establishments; Homophobie und Anti-Establishment verschmelzen in diesen Denunziationsbildern.) Zweitens: Der Aufstand des ländlichen, konservativen, »religiösen« Landes gegen die urbanen, progressistischen, »sündigen« Zentren. Volkshelden kommen gern »aus der Vergangenheit« und von irgendwelchen Ursprüngen her. Und schließlich, drittens, der Aufstand der alten Werte, der alten Legitimationen, der alten Sitten gegen einen Fortschritt, der sie ab-

iPhone-Schutzhülle

koppelt, gegen neue Charaktere und Interessen, gegen neue Ideen. Wir kennen das zum Beispiel in unserer Musik, als Aufstand des »Authentischen« gegen das »Künstliche«, der sich oft genug auch geriert als Aufstand des »Männlichen« gegen das Queere und als Aufstand der einfachen Ehrlichkeit gegen die vieldeutige Maskierung.

Wenn alles drei zusammenkommt: umso besser. Dann nämlich vereinen die Volkshelden- oder Popstar-Gesten nicht trotz, sondern genau in ihrer Selbstwidersprüchlichkeit all das, was an dem System, in dem wir leben, nicht stimmt. Und womit wir uns, wenigstens für den Augenblick, davon befreien. Und umso schlimmer: Dann nämlich gehen auch die Rollen von Popstar, Volksheld und Politiker beinahe zwangsläufig eine Verbindung ein.

Die populäre Mythologie und die Politik

Der Volksheld und das Establishment

Die Ideale und die Praxen der kapitalistischen Demokratie waren ziemlich selten nahe beieinander, und in den USA, einem Mutterland der Freiheit, schon gar nicht. Immer und immer wieder bildete sich eine Elite der Besitzenden, während sich die Besitzlosen um Rechte und Hoffnungen betrogen sahen. Genau besehen, war es sogar Ziel der repräsentativen Demokratie, die Elite gegen anarchische Energien des »einfachen Volkes« zu schützen. Wie, außer durch Gewalt und durch Gesetze, lässt sich dieser Gegensatz regeln? Vor allem durch eine Mythologie. Du kannst es schaffen! Jeder Mann, später auch jede Frau, soll die Möglichkeit haben, die Grenze zwischen Volk und Establishment zu überschreiten. Man muss nur an sich glauben, und zimperlich darf man auch nicht sein. So entstand die Haupterzählung der populären Mythologie, zugleich Glücksbild und Aufstiegstraum. Aber von Zeit zu Zeit ist nicht mehr zu übersehen, dass diese Geschichte nicht stimmt. Das Establishment mauert, die Abstiegssorgen werden größer als die Aufstiegshoffnungen. Die da oben sprechen nicht mehr unsere Sprache. Dann kommt es zu Entladungen und Übersprungshandlungen. Die Volkshelden treten in Aktion, wenigstens in den medialen Träumen.

Im Western, dem Gründungsmythos (nicht nur) der amerikanischen Demokratie, geht es immer wieder darum, eine (damals) neue Form der Elite, die Allianz zwischen Grundbesitzern, Bankern und Technologie-Kapital (Eisenbahngesellschaften zum Beispiel), zu brechen, im Dienste einer Gerechtigkeit für den »kleinen Mann«, der, vergessen wir das nicht, seine Kraft und seine Würde daraus bezieht, dass er bewaffnet ist. Es sind die Unbewaffneten, die zu leichten Opfern des Establishments werden, die Bewaffneten indes bewahren ihre Autonomie, indem sie sich weder den Interessen der Besitzenden noch den demokratischen Hoffnungen des Volkes unterwerfen. Sie müssen, um es drastisch zu sagen, mal Leute auf der einen und mal auf der anderen Seite erschießen, um schließlich die kleine, wilde und idyllische Welt zu erzeugen, die Kleinstadt mit der Kirche, dem Saloon, der Bank, dem Drugstore und dem Sheriff's Office mit angeschlossenem Gefängnis. Danach beginnt das Farmland, und dann kommt die Wildnis, gegen die wiederum nur die Palisaden des Forts und die Gemeinschaft der Wagenburg schützen. Der Traum von der grenzenlosen

Freiheit und der Traum von der schützenden Mauer umkreisen sich hier. Donald Trump bellt nur Worte wie »Grenze«, »Gefängnis«, »Größe«, »Bewaffnung«, und die Assoziationen sind da.

Heute Sheriff, morgen Outlaw, auf jeden Fall bewaffnet: Trump unterbricht eine aus dem Ruder laufende Fernsehdebatte mit dem Colt (2015).

Wenn die Macht des Establishments zu groß wird, muss der Westerner sie brechen, so einfach ist das, und wenn das Volk zu wenig Ordnung hält, muss der Westerner sie ihm beibringen. Er ist mal Volk und mal Establishment, das ist sein Trick, er kämpft heute gegen korrupte Banker und Waffenhändler und im nächsten Film gegen Banditen, die gern etwas von deren Reichtum abhaben wollen, heute Sheriff und morgen Outlaw – und doch immer derselbe. Der Volksheld als Urbild des Populisten ist kein Revolutionär, kein Demokrat und kein Staatsagent, aber er hat ein wenig von allem. Er kämpft zugleich gegen das Establishment und gegen das Chaos, ein autoritärer Rebell, ein Anarchist von rechts. Er schützt hier die Besitzverhältnisse und krempelt sie dort um, tritt hier für den Fortschritt ein und verhindert ihn da. Immer geht es darum, eine vage Balance aufrechtzuerhalten, ein Empfinden der Gerechtigkeit (wenn es sein muss, gegen das Recht) und ein Empfinden der Freiheit (wenn es sein muss, gegen die Demokratie). Kein Wunder, dass er, sieht man ihn genauer an, auch eine gehörige Portion Wahnsinn in sich trägt. Als der Western alt und hässlich wurde, traten die paranoiden Züge in den Vordergrund. Denn da begann man zu ahnen, dass es nicht allein um den Mythos ging, sondern auch um Geschichte.

Trotz seines Hangs zur Verrücktheit, oder gerade deswegen, erfüllte der Zelluloid-Volksheld seine Rolle in einem zyklischen Geschehen: Die Demokratie erzeugt das Establishment, das von einer populistischen Gestalt und einer entsprechenden Bewegung wieder bezwungen werden muss. Der Kapitalismus bringt seine Mogule hervor, die dringend auch wieder zu Fall gebracht werden müssen. Im besten Fall mag man das dann »Selbstreinigung« der Demokratie nennen, und dafür boten die New-Deal-Filme in den frühen 1940er Jahren neben den

Der Westerner im Weißen Haus: Eine von Trumps Lieblingsgesten

Western eine Matrix. Der Meister dieser populistischen Renaissance-Filme war Frank Capra.

Wir lieben seine Filme noch heute, weil sie eher »liberal« als »konservativ« wirken, und weil die Protagonisten aussahen wie Gary Cooper und James Stewart und nicht wie Donald Trump und weil die selbstbewussten Frauen wie Barbara Stanwyck, Jean Arthur oder Claudette Colbert, die das Establishment und den falschen Progressismus verkörperten,

Der Firmensitz von Bruce Wayne aka Batman

sich schließlich auf die Seite des naiven Volkshelden und gegen das zynische Establishment stellten. Natürlich verhält es sich bei Donald Trump gerade umgekehrt zur Geschichte von James Stewart in *Mr. Smith geht nach Washington* (1939). Der nämlich kommt als unbedarfter Junge vom Land in den Senat und soll da nur als Marionette des Establishments dienen, dann aber befreit er sich aus der Umklammerung der lügnerischen, korrupten und erpresserischen Seilschaften; nicht zufällig ist eine Einrichtung für die amerikanischen Boy Scouts (und deren tatkräftige Unterstützung) die Triebfeder für seine populistische Revolte. Diese Fantasie von der Selbstheilung der Demokratie durch den von außen kommenden Volkshelden, der das Establishment in die Knie zwingt, ist in hundertfacher Ausführung immer präsent. Mittlerweile spielt sie sich gar als ewiger *Krieg der Sterne* zwischen »Rebellen« und »Imperium« in Weltraum und Zukunft ab, und »Superhelden« haben die Nachfolge der Westerner angetreten, denn die ganze Welt hat zur Ordnung/Unordnung der Westerntown gefunden, in der immer wieder zwischen Establishment und Volk vermittelt werden muss. Dass das nicht ohne semantische und architektonische Zerstörung vonstattengeht, ist evident. Und bei kostümierten und bewaffneten Helden wie Batman oder Tony Stark alias Iron Man hat es uns, wie es scheint, auch nie gestört, dass sie Kämpfer für Gerechtigkeit und gegen Korruption waren und zugleich superreiche Unternehmer und Bewohner ihrer eigenen Trump Towers. Und Donald Trump – müssen wir das noch belegen? – imitiert in seinen Auftritten Western- und Superheldengesten. Aber was heißt schon »imitieren«? Er streckt imaginäre Colts in den Raum und arbeitet mit imaginären Hitzestrahlen; er befindet sich im Status kurz vor dem Abflug oder kurz nach der Landung. Und natürlich würde er sich am liebsten die zivile Kleidung vom Leib reißen, um sein »wahres« Kostüm zu zeigen.

Der Trump Tower auf der 5th Avenue: Wohnsitz der Trump-Familie

Seine Auftritte sind »Einstellungen« und »Comic-Panels«. Und schon haben wir auch das Geheimnis dessen gelüftet, was er auf dem Kopf trägt: Es ist etwas, das alle B-Movie- und Comic-Helden haben, etwas Unverwechselbares, ein *Charakteristikum*, das mehr zählt als die komplexe »bürgerliche« Physiognomie.

Der Selfmademan und seine Welt

Ein weiterer Aspekt aber ist wohl, dass wir Donald Trump einem amerikanischen Archetyp zuordnen können, der ebenfalls fest in der populären Mythologie verankert ist. Der Selfmademan, der unaufhaltsam von unten nach oben aufsteigt, zugleich abstoßend in seiner Rücksichtslosigkeit und faszinierend darin, wie er sich Menschen gefügig macht. Ein brutaler Machtmensch, gewiss, aber immer auch ein Verführer, ein Mensch, der indes – vielleicht gerade weil er auch Phasen der Entbehrung und Demütigung durchlebte – nie genug bekommen kann von Macht und Reichtum und der dann konsequent den Schritt vom Unternehmer zum Politiker machen muss und genauso konsequent den Schritt vom Faszinierenden zum Gefährlichen. Niemand hat diesen amerikanischen Archetyp so eindrucksvoll dargestellt wie Orson Welles in seinem Film

Citizen Kane von 1941: Er handelt von einem Menschen, der überlebensgroß ist, eine Gestalt wie aus einem Shakespeare'schen Königsdrama, einer, der andere Menschen moralisch zerbrechen kann, der ganze soziale und politische Systeme korrumpiert und der zugleich doch erschütternd leer, fast schon trivial ist. Die meisten dieser amerikanischen Tycoons und Machtmenschen, die es in der Literatur wie im Comicstrip, im Kino wie in der Musik gibt, werden erst geadelt durch ihr grandioses Scheitern. Der Tycoon – eine Entlehnung aus dem Japanischen, wo das Wort *taikun* die machtvolle Person meint, von der man nur ehrfurchtsvoll sprechen darf – ist gerade durch die Geschichte von Aufstieg und Fall zum Thema der großen amerikanischen Erzählung geworden. Dieser Mythos sagt zugleich: Jeder kann es schaffen, jeder kann es vom Tellerwäscher zum Millionär oder von der Vorstadtsiedlung zum Weißen Haus bringen. Aber jeder, der sich dabei zu sehr in die eigene Macht verliebt, der sich von seinen alten Freunden und seiner Herkunft trennt, wird durch Einsamkeit und Intrige scheitern. Und sei es auch nur, wie in *The Little Tycoon* von Willard Spencer, der ersten amerikanischen Erfolgsoperette aus dem Jahr 1886, an der aufrechten Liebe der eigenen Tochter zum Mann aus dem Volk. Oder an der eigenen Liebe, wie der *Last Tycoon* von F. Scott Fitzgerald, und natürlich auch der große Gatsby, von dem wir übrigens nie erfahren, woher genau er sein Vermögen hat und wie groß es eigentlich ist. Auch das kehrt wieder bei Donald Trump: Wie Silvio Berlusconi im fernen Europa, so hat es auch ihm nie geschadet, dass sein Reichtum weder ererbt noch allerdings auf ganz und gar »saubere« Art entstanden sein kann. Denn in dieser Erzählung wissen wir sehr genau: Mit ehrlicher Arbeit hat es noch nie jemand zu etwas gebracht. Am Selfmademan müssen blinde Flecken, letzte Geheimnisse, undurchsichtige Verbindungen bleiben; er schleppt Schuld mit sich.

Noch einmal ist es Frank Capra, der ein Modell gefunden hat, in dem der Werdegang Donald Trumps schon vorweggenommen scheint. In *Der beste Mann* (1947) spielt Spencer Tracy einen erfolgreichen Unternehmer, der von seiner Geliebten – sie hat ein paar persönliche Rechnungen offen – zum Präsidentschaftskandidaten der Republikaner aufgebaut wird, paradoxerweise mit der Vorgabe, ein sozial zutiefst gespaltenes Land wieder zu einigen. Aber bevor das Establishment »seinen« Kandidaten und sein System endgültig durchsetzt, besinnt der sich eines Besseren und klagt in einer Fernsehan-

Der Urtypus des Selfmademan: Charles Foster Kane (Orson Welles) ...

sprache sich selbst an und ebenso das korrupte System, das ihn hat aufsteigen lassen. Allerdings verspricht er, in der Politik weiterzuwirken, bis der demokratische Apparat wieder sauber und ehrlich geworden ist. Das kann auch anders ausgehen: Im Film *Zwischen heut und morgen* (1933) wandelt sich ein ignoranter und korrupter Präsident (Walter Huston) durch eine Nahtoderfahrung zu einem fürsorglichen und aktiven Präsidenten, doch um die ersehnte Ordnung und Gerechtigkeit zu schaffen,

... und einer seiner Nachfolger

muss er sich zum Alleinherrscher aufschwingen und etliche Hindernisse demokratischer Kontrollen außer Kraft setzen. So, nur so, lassen sich die großen Probleme, die Wirtschaftskrise und der Krieg, lösen. Und nein, dies war keine dystopische Warnung, sondern ein Propagandafilm für Franklin D. Roosevelt und seine Politik.

Wie der Westerner ist auch der Selfmademan ein wandelnder Widerspruch. Er wächst in eine Elite hinein, die er möglicherweise hasst und die möglicherweise ihn hasst, aber er kennt ihre Regeln und Interessen genau. Er übertrumpft alles, was diese Elite sich an Privilegien zugeschanzt hat, er karikiert ihre Arroganz wie ihre Rücksichtslosigkeit (natürlich ist Trump auch ein Liebling der Reichen), aber er bleibt auch wieder Volk, weil er in alledem vulgär ist, und vor allem: Er macht die Schweinereien selbst.

Volksheld und Selfmademan widersprechen sich in gewisser Weise, oft stehen sie sich als feindliche Brüder gegenüber, manchmal muss sich ein Held auch für die eine oder die andere Rolle entscheiden. Der amerikanische Selfmademan aber hat den Mythos der Abstammung und der Erwähltheit abgelöst: Dass *es* jemand aus eigener Kraft und mit den eigenen Händen (mitsamt dem Schmutz daran) geschafft hat, ist Legitimation genug (das Erbe und die Familie werden dann freilich nicht minder kompliziert als in einem europäischen Königsdrama) – oder halt!, erinnern wir uns an die Filme mit den »Viehbaronen« und »Ölmillionären«: Da kam einer, um den genau richtigen, um »seinen« Platz zu besetzen.

Die Dimension des Volkshelden ist die Größe, die des Selfmademan die Breite. Kein Selfmademan ist schlank, klein – oder gar eine Frau.

Macho, Barbie und der Sugardaddy

Es ist vielleicht der wundeste aller Punkte, den Donald Trumps Triumph in der demokratisch-liberalen Erzählung berührte: Trump und die Frauen. Der schnelle Versuch, seinen Erfolg als Schuld der alten, weißen Männer zu deklarieren, musste rasch aufgegeben werden. Es gibt offenbar auch einen weiblichen Adressaten des Frauenbilds von Donald Trump, so wie es weibliche Adressaten der Botschaften des Berlusconismus gegeben hat. Diese Akzeptanz findet sich in der Popkultur in drei unterschiedlichen Varianten, die »unterirdisch« miteinander verbunden sind. Das eine ist ein traditionalistisch-religiöses Bild von Unterwürfigkeit. So steht es in der Bibel, und so verkünden es die reaktionärsten Texte der Country-Musik. Und erklärt nicht auch Marge Simpson, die es wahrlich schneller zu etwas bringen könnte als ihr fauler und selbstsüchtiger Mann Homer, wie überzeugt sie von ihrer Rolle als Ehefrau und Mutter ist und was sie Homie alles zu vergeben bereit ist?

Und dann gibt es die sexuelle Ökonomie des Sugardaddy (also: reicher alter Sack hält eine schöne junge Frau aus), die, sieht man sich einmal die entsprechenden Internetseiten an, eine

Donald Trump als *Playboy*-Bunny (1990)

bemerkenswerte Renaissance erlebt. Dass ein Donald Trump Frauen als Ware behandelt, um das Mindeste zu sagen, scheint akzeptabel, wenn der Preis stimmt.

Die »Trump-Frauen«, wie sie nun in der Öffentlichkeit präsentiert werden, entsprechen den Idealen einer zwischen Barbie Houses und Playboy Mansion oszillierenden Welt, die man längst versunken wähnte. Einer Männerwelt, in der die Frauen Vorzeige-Charakter haben und einen Innenraum repräsentieren. Sie entsprechen der Frauen-Karikatur aus der *schrecklich netten Familie,* nur in einer Luxusausgabe. Die Welt ist wieder in »Männerangelegenheiten« und »Frauensachen« geteilt. Auch hierfür hat es im Vorfeld Anzeichen gegeben: Die Spielzeugindustrie erzielte in den letzten Jahren kolossale Erfolge, indem sie die Kinderzimmer als Konsumzentren wieder in die pinken und die blauen Zonen teilte und Mädchenträume voller Plüsch und Ramsch auf den Markt drückte. Wenn es in der ersten (der »politischen«) Erzählung eine erzreaktionäre Rückwendung zu puritanisch-patriarchalischen Familienmodellen gab, in der die Frauen wieder »an ihren Platz« verwiesen wurden, hatte die populäre Kultur seit geraumer Zeit die Aufgabe übernommen, diese Zurückstufung der Frauen auf

Women for Trump (I)

unterwürfige Äußerlichkeit mit Lust und ästhetischen Ordnungen zu besetzen. Die Trump-Frau, eben noch bei Al Bundy oder in der Neuauflage der *Frauen von Stepford* aus dem Jahr 2004 (die perfekten Ehefrauen und Sexobjekte sind in Wahrheit Roboter) als Reminiszenz an vergangene Zeiten karikiert, war in den Niederungen der Popkultur schon länger vorgeformt. In gewisser Weise wurde auch hier eine Erzählung vom Aufstand der »echten« amerikanischen Frau, der vor der linksliberalen Rivalin graut, gegen ein scheinbares Establishment der emanzipierten, berufstätigen und selbst-

Women for Trump (II)

bewussten Frau entfaltet. Vom rosa Babylätzchen bis zu den Internetportalen der kosmetischen und modischen Zurichtung wurde ein Belohnungs- und Bestrafungsszenario entwickelt, das gerade solchen Frauen zupasskommen musste, deren Aussichten auf dem Jobmarkt nicht besonders gut waren. So verband sich die pinkfarbene Reaktion mit den Wahnvorstellungen der Selbstoptimierung zu einer Neo-Barbiesierung der Frauenrolle, die keineswegs allein zu der »Rückkehr« zu den alten Vorstellungen, sondern zu einer neoliberalen Renaissance des Patriarchats geführt hat. Die Trump-Frau weiß, im

Gegensatz zu ihrer puritanischen Vorläuferin, genau, was sie wert ist, wie man diesen Wert steigert und was zu tun ist, um seinem Verlust vorzubeugen. Sie ist sich des Warencharakters des eigenen Körpers bewusst. Daher fühlt sie sich nicht unterdrückt, sondern hält ihre emanzipierte Kollegin eher für ein veraltetes Modell.

So wurde das Bild des »Volkshelden« Trump, der es dem »Establishment« zeigt, ergänzt um den »Viehbaron« und Patriarch, den »Big Daddy«, wie wir ihn aus dem Kino kennen, dem gegenüber alle Frauen lustvolle Abhängigkeit zeigen. Der Big Daddy verbindet ein religiöses und ein familiales mit einem ökonomischen Imago. Er ist ein Gott in seiner selbst geschaffenen Welt, in der alle Bewohner wissen, dass sie nach eigenen Gesetzen funktioniert und einen Teil ihrer selbst gegenüber außen abschotten muss. So werden auch die Frauen im Trump-Universum zu Masken, hinter denen mehr gewusst als offenbart wird.

Trumps offener Sexismus, seine Übergriffe, seine Verachtung haben offenkundig viele Frauen eben nicht davon abgehalten, ihn zu wählen. Ist das allein durch eine traditionelle, reaktionäre Rollenverteilung zu erklären, durch Bibel, Familie und Country-Songs? Oder dadurch, dass man ihm sein

Verhalten verzeiht, weil seine anderen Versprechungen, die Mauer gegen das Fremde, die wirtschaftliche »Gesundung«, die Wiederherstellung der alten Größe und der alten Ordnung, wichtiger sind?

Frauen, die sich ihres Warencharakters bewusst sind

Es gibt offensichtlich auch eine unterschwellige Gegenerzählung zur liberalen partnerschaftlichen Geschlechter- und Familienordnung, die die Obamas so mustergültig und moderat verkörperten. In der sexuellen Ökonomie dieser Gegenerzählungen wird der Status der Frau als Luxusware akzeptiert. Diese Ökonomie der Sexualität reicht von Marilyn Monroe, die sich fragte, wie man sich einen Millionär angelt, über Madonna, das *material girl in a material world*, bis zu den Taktik-Gesprächen in *Sex & the City* (1998–2004). Oder noch tiefer in die Datingshows, die pinken Prinzessinnenträume in den Mädchenzimmern, die Kosmetik-Blogs und Realityshows wie *Shopping Queen* (seit 2012): Um in die Räume der Reichen und Mächtigen zu gelangen, müssen Frauen, die nicht von vornherein zu eben diesem Establishment gehören, selbst zum Luxusgegenstand werden. Beute und Dekoration. So erzählen es auch die Macho-Träume von Gangstern, Showstars und Wall-Street-Brokern. Gerade einmal in Martin Scorseses Film *The Wolf of Wall Street* (2013) wird die Rebellion eines solchen Luxusgeschöpfs in Betracht gezogen. Die Trump-Frau hasst ihr Pendant in der fiktiven Welt des liberalen Establishments genauso, wie der Trump-Mann seinen integren und toleranten Kontrahenten hassen muss.

Eine der ersten Nachrichten, die wir aus dem Umkreis des werdenden Präsidenten hören, ist, dass seine Frau und sein Sohn nicht mit ins Weiße Haus ziehen werden, vorerst nicht (Schulwechsel, blabla). Die Familie von Donald Trump war schon immer auf merkwürdige Weise virtuell. Vielleicht kann er auch nur allein in diesen Macht-Raum ziehen, und vielleicht muss man die Frau im Trump Tower, wir kennen das Märchen, einsperren, weil sie der Macht zu nahe käme oder zu fern bliebe. Es wird, wie es aussieht, keine »First Lady« geben. Weder eine leicht skandalöse Familie im Weißen Haus, wie sie die Kennedys oder die Clintons abgaben, noch – das schon gar nicht – eine so mustergültige wie die der Obamas. Der Trump-Frau, wie der von Citizen Kane, muss klar sein, dass Männer und Frauen zwei verschiedene Welten bewohnen. Auch und gerade dies ist in der liberalen Demokratie-Erzählung nicht vorgesehen; sie enthielt nicht nur Trump nicht, sie enthielt vor allem die Trump-Frau nicht. Die wir uns, skandalöserweise, durchaus als glücklichen Menschen vorstellen können.

Aber natürlich steckt auch noch etwas anderes hinter diesem Vorgehen, die Räume der Macht nicht eindeutig ins Weiße Haus zu verlegen. Der Trump Tower soll nämlich offenbar als zweites Zentrum der Macht erhalten bleiben, im Rang mindestens so bedeutend wie das nur zeitweise bewohnte Weiße Haus. Als symbolischer Mittelpunkt der amerikanischen Politik und in gewisser Weise des amerikanischen Selbstverständnisses wird das Weiße Haus auf diese Art entwertet, es ist nicht mehr der Ort, an dem sich das Politische und das Private in mehr oder weniger vollkommener Harmonie treffen. Seine Regierungsbildung besorgt Trump schon jetzt von seinem Turm aus, und damit signalisiert er bereits, dass eventuell die wahren Entscheidungen hier getroffen werden. Das bedeutet freilich auch, dass der Ort der Macht der (kritischen) Öffentlichkeit weitgehend entzogen wird. Zieht er sich in sein Xanadu (Citizen Kanes Palast) zurück, so kann Trump das wohl mit einer verständlichen Sehnsucht nach seiner Familie legitimieren. Trump hat sich, mit anderen Worten, schon vor Amtsantritt ein »offizielles« Hinterzimmer der Macht geschaffen, das er nach Art der Bosse mit ganz und gar persönlichen Sicherheitskräften und ganz und gar seinen Bedürfnissen entsprechenden Kommunikationsanlagen führen kann. Hier wird vieles von dem verborgen bleiben, was frühere Präsidenten am Ende doch nicht geheim halten konnten.

Das zweite Zentrum der Macht, legitimiert durch die Anwesenheit der Frau, dient vor allem der Verbindung von Ökonomie und Politik. Donald Trump ist nicht nur ein Präsident geworden, der die Erzählung des liberalen und demokratischen Mittelstands rüde unterbricht, er wird absehbarerweise ein veritables Imperium errichten (wollen), in dem es weder zwischen dem legalistischen und dem familialen Aspekt der Macht noch zwischen der Politik eines Präsidenten und den Interessen eines Unternehmers kontrollierbare Grenzen gibt. Die Voraussetzung dafür ist nicht nur die Familialisierung der Politik, sondern auch die Politisierung der Familie. Und so entfaltet die Trump-Frau, nicht trotz, sondern in ihrer Barbie- und Luxuswaren-Existenz, eine entscheidende Funktion in einer fundamentalen Neuordnung der Macht, die »postdemokratisch« zu nennen so euphemistisch wäre, wie Trumps Erscheinung und Auftritt als *post truth*-Politik zu bezeichnen. Es geht vielmehr wirklich und wahrhaftig darum, eine neue Wirklichkeit zu kreieren. Die Frau, so sehr roboterhaftes Abbild ihrer selbst, wie man es von Probanden der *Apprentice*-Show (seit 2004) erwartet, erzeugt darin einen sekundären Macht-Raum, eine Maske der Privatheit vor etwas, das gewiss alles Mögliche, nur nicht im alten Sinne »privat« ist. Sie ist so sehr reines Bild, wie der Trump-Mann reine Erzählung ist (ästhetisch scheint sich das leicht zur Karikatur von hässlichen Männern mit bis zur persönlichen Unkenntlichkeit und Eigenschaftslosigkeit zugerichteten Frauen zu gruppieren).

Und der Skandal? Bill Clinton, der Vertreter des Establishments, ließ sich sexuell bedienen, in aller Heimlichkeit. Establishment eben. Der Volksheld, Selfmademan, Animationsclown und Wanderprediger wird selbst aktiv übergriffig und muss damit prahlen. Selbst in den trostlosen Gesten sexueller Gewalt unterscheidet sich der populistische Herausforderer von der verhassten Elite. Big Daddys Lüsternheit war stets ein offenes Geheimnis, er liebte die Jabba-the-Hutt-Situation, und Big Daddy ist der Mensch, der alles anfassen muss: Begrapschen, als erstes Signal der Inbesitznahme. Das Schweigen der Frauen ist ein wesentlicher Baustein seiner Macht. Und es gibt viele Arten, dieses Schweigen zu erzeugen.

Die Trump-Frau ist, was ihr öffentliches Bild anbelangt, untot. Sie gibt Hass und Angst gebündelt zurück. Als ruchbar wurde, dass Melania Trump für ihre Rede von den für so etwas zuständigen Leuten ein Plagiat von einer Rede Michelle Obamas gereicht wurde, hätte man hier auch Häme erwarten können, in den üblichen Promi-Geschichten sind solche *plot points* ja sehr beliebt. Aber auch hier trat offenkundig genau der gegenteilige Effekt ein. So als wäre damit die Gefahr eines eigenständigen Redens der Frau gebannt. Es treffen sich hier ein altes Schweigen der Frauen und ein neues, das wir als mediales Plappern aus unserem Fernsehapparat kennen. Die schöne, hergerichtete Frau bekennt mit größter

Die Frau als Beute und Dekoration: Donald Trump mit Ehefrau Melania

Offenheit, dass sie ungebildet, strohdumm und absolut ignorant ist. Und gerade deshalb so erfolgreich. Die Trump-Frau, die im emanzipatorischen Diskurs nicht vorkommt, ist nicht nur in amerikanischen Medien allgegenwärtig.

Die von Louis Vuitton und Prada angezogene Frau steht im virtuellen Schatten eines superreichen Sugardaddys. Preston Sturges hat in seinem Film *Atemlos nach Florida* (1942) davon erzählt, und in *Ein unmoralisches Angebot* (1993) wird die Geschichte mit liberalen Skrupeln aufgeladen. Da wendet sich noch alles zum Guten, und dennoch wissen wir: Es gibt eine zweite sexuelle Ökonomie, die mit der in der ersten Erzählung, in der eine kontinuierliche Bewegung zu Gleichberechtigung und Respekt vorgesehen ist, nicht viel gemein hat. Und während sich die Protagonisten des liberalen Diskurses noch über die vollverschleierte Frau aus dem Emirat aufregen, die einen europäischen Luxusshop leerkauft, hat scheinbar niemand die westliche Variante einer durch kosmetische, chirurgische und selbstoptimierende Zurichtung entpersönlichten Frau kommen sehen, die statt des Schleiers die Barbie-Maske vor dem Gesicht trägt.

Die Frau als Dekoration und Ware spukt keineswegs nur in den »alten« Träumen der Popkultur; Sex als Ware ist populärer denn je, wenn auch in der neoliberalen Form, nicht als passive Duldung, sondern als aktive Form von Marktwirtschaft. Alles im Leben eines Donald Trump und in der schönen Welt von Fitness und Mode ist gekauft und ist kaufbar. Reiche und berühmte Leute, mögen sie auch so hässlich sein wie Donald Trump, haben das Recht – und das ist nur eine der vielen Paradoxien in der sexuellen Ökonomie des Neoliberalismus –, es sich ohne Bezahlung zu nehmen. Steve Bannon hat es überdeutlich ausgesprochen: Die Trump-Figur und einige ihrer Sidekicks definieren sich in Analogie zum Pop-Universum weniger von der Sei-

Jabba the Hutt aus *Star Wars* mit der gefangenen Prinzessin Leia

te der langweiligen (demokratischen) Helden, sondern von der der faszinierenden Schurken. Trump ist Goldfinger, der Joker, Jabba the Hutt, Lex Luthor, Kater Karlo: ein Bild der bösen, verborgenen, illegalen Wünsche. Einer von denen, die man umso mehr liebt, je abscheulicher sie sind. Denn sie sind ja vor allem abscheulich zu jenen, zu denen man am liebsten auch abscheulich wäre. Wenn man sich nur trauen würde.

Die Kraft des Nichtwissens

Donald Trump ist komisch, keine Frage, und nicht nur dort, wo er es sein will. Aber dass das Establishment samt seinen Agenten über ihn lacht, macht ihn nur noch volkstümlicher. Denn in der Verachtung eines Donald Trump, des Ungebildeten und Unwissenden, spiegelt sich nichts anderes als die Arroganz und das Abgekoppeltsein der Elite. Aber wenn man einer wissenden Elite misstraut, muss man folgerichtig dem Wissen selbst misstrauen. Der Kern einer alten Emanzipationsgeschichte – »Wissen ist Macht« – hat sich in sein Gegenteil verwandelt: Um der Macht des Wissens entgegenzutreten, muss die Kraft des Nichtwissens entfaltet werden. Dieses Nichtwissen ist nicht einfach nur provinzielle Ignoranz oder mangelndes Interesse an Bildung, Kultur und Information, sondern vor allem die Leugnung einer Verbindlichkeit. So geben wir mit einer Karnevalisierung der Politik eine empfundene Kränkung zurück. Denn das Wissen wollte zugleich allgemein verbindlich sein und »uns« ausschließen. Das Wissen ist kalt. Es erzeugt eine dem Aufstieg wie dem Erfolg zuwiderlaufende Ordnung. Es macht die Welt linear, und es negiert einen Teil der Subjektivität. Daher muss der Volksheld im Western und anderswo – wir erkennen ihn an seinem Lachen und an dem Vergnügen, mit dem er eine »Brillenschlange« erschießt – sich, anders als der Revolutionär, nicht das Wissen aneignen, sondern demonstrieren, wie gut man außerhalb von ihm leben kann. Die Herrschaft des Wissens wird gebrochen, damit die Herrschaft des Begehrens beginnen kann. Womit sich ein Kreis schließt zwischen dem performativen Anti-Wissen des männlichen Protagonisten, dem das Wissen hinderlich ist bei seinem Tun und der die Zügel von Moral und Vernunft abwerfen muss, um zu sich selbst und zum Volk zu kommen, und der untoten Luxusexistenz der Frau.

Der Anti-Intellektualismus ist nicht nur ein Fundament des politischen Populismus, sondern auch ein Herzstück der populären Kultur. Das Wesen des Volkshelden ist, dass er Authentizität an die Stelle von Erkenntnis setzt. Er ist daher nicht allein ungebildet, was ihn schon vom Establishment unterscheidet, sondern manchmal regelrecht dumm. Als die Mickey Mouse sich in Filmen und Comics von ihrer ursprünglichen anarchischen Direktheit fortentwickelt und sich zu einem schlauen und bürgerlichen Mann mit Haus, Familie und Reputation (zum Establishment) gewandelt hatte, wurde ihr nicht nur ein cholerisches Gegenbild, die Ente im Matrosenanzug (Donald Duck), verpasst, sondern auch ein naiver, tölpelhafter Freund namens Goofy. Aber Goofy ist nicht nur der *fall guy*, der Prügelknabe, der sich und seinen Freund immer wieder in den Schlamassel führt, sondern auch derjenige, der gerade wegen seiner Unwissenheit immer wieder die Wahrheit erkennt. Er ist eben der kindlichen Emotion zugewandt: Wenn man ihm zwei Gemälde der Mona Lisa vor Augen hält, erkennt er sofort, welches die Fälschung und welches das Original ist, nämlich dasjenige, bei dem er weinen muss. Und seine soziale Tölpelhaftigkeit hat immer wieder den Zweck, das »Falsche« in den sozialen Ritualen und die Borniertheit der »guten Gesellschaft« zu entlarven. Goofy fehlt jeder Hang zur Selbstkontrolle und -kritik, er strahlt das ursprüngliche Glück eines Wesens aus, das von den Zumutungen der Moderne unberührt blieb. Er versteht die Welt auf seine Weise, und das ist oft die bessere als die »realistische« seiner Umwelt, des »bürgerlichen« Mickey ebenso wie des neurotischen und manischen Donald. Und diese glückliche Form des Nichtwissens lässt in seiner Umgebung viele (einschließlich seines Freundes Mickey) als unangenehme Besserwisser erscheinen. Wozu soll man wissen, was die Gewissheit stören könnte? George Bush sen. musste noch ver-

Trump als Cartoon-Figur, hier bei den *Simpsons*

bissen verkünden: »Die Fakten sind mir egal«, als er sich weigerte, einen militärischen Zwischenfall aufklären zu lassen, für den sich »sein Land« hätte entschuldigen müssen. Donald Trump strahlt die Goofy-Seligkeit aus: Fakten? Ah-hua-hua.

Zeichentrickfiguren sind die kindlichen Urbilder der Volkshelden. Sie befinden sich in einem ewigen Krieg mit der »etablierten« Welt; neben der manischen Attacke des Verlierers Donald (mit dem Trump vielleicht doch auch nicht nur den Vornamen gemein hat) und der unerschütterlichen Ignoranz Goofys erscheint die schiere Unverschämtheit von

Bugs Bunny als großes Vorbild. Niemand scheint so prädestiniert wie Donald Trump, zur Cartoonfigur zu werden. Er war es schon vor seiner Präsidentschaftskandidatur. Reduziert auf besondere Merkmale, wenige Charaktereigenschaften, wiederkehrende Sprüche und Gesten. Wie Bugs Bunny, Road Runner oder Homer Simpson, mit dem er so viel gemein hat, wie Trump überhaupt der Welt von Springfield entsprungen scheint (einschließlich des zynischen Clowns Krusty, der sein Publikum verachtet und nach Strich und Faden hereinlegt), kommt er aus der Tiefe kindlicher Lust an der Störung von Ordnung und Autorität. Ja, diese Figur ist schlicht ein Ideal der Nicht-Erziehung, gepaart mit dem Prinzip des Anti-Biografischen. Sie macht immer dasselbe, immer wieder, und immer wieder sind die Widersacher gleich verblüfft und ratlos. Und natürlich ist sie immun gegen Zerstückelung, Schläge und Umwelteinflüsse. Es ist das Wesen, das buchstäblich nur Zeichen ist.

Aber es verhält sich auch umgekehrt: Mit Donald Trump ist eine Cartoonfigur Präsident geworden. Das ist kein politisches, sondern ein semantisches Urteil. (Eine Gestalt ohne Metapyhsik, zusammengesetzt aus Begehren, Aktion und Reaktion, die Sprache nur als Waffe einsetzt.)

Narziss und Goldhaar

Die Sexualisierung der Figur des Präsidenten und die »Verschmutzung« des Wahlkampfs auch in dieser Hinsicht haben zwar ihre Vorläufer in den 1940er Jahren, aber sie scheinen doch, wie man so sagt, »eine neue Qualität« angenommen zu haben. So sehr Trump, als Volksheld gegen das Establishment, als Selfmademan und Tycoon, als antifeministischer oder gar antifemininer Provokationsagent sexueller Gewalt und Ausbeutung und schließlich als Repräsentant der glücklichen Ignoranz und der authentischen amerikanischen Naivität (die »Belgien als wunderschöne Stadt« jenseits des eigenen Horizonts imaginiert), als Widerspiegelung einer Befindlichkeit gelten kann, die in den Erzählungen der Popkultur vorgegeben ist, so sehr fasziniert auch zugleich die Autarkie, die Selbstbezüglichkeit dieser Figur. Donald Trump ist eben Donald Trump, das verbindet ihn mit einem anderen amerikanischen Archetyp, mit Popeye, dem Seemann: »I yam what I yam an' I yam glad 'at I yam.«

Die Popkultur hat aber schon des Öfteren davon geträumt, wie ein Trump-ähnlicher Mann in die höchsten Ämter gerät; diese Angstlust vor dem Umstand, dass ein Mann dort hingelangt ist, wo er entschieden nicht hingehört. Ein gnadenloser Karrierist ist John Travolta in dem Film *Mit aller Macht* (1998). Darin wird ein »schmutziger Wahlkampf« geführt, in dem es um kaum etwas anderes geht als um sexuelle Verfehlungen der Präsidentschaftskandidaten. Der Aufstieg des Volkshelden wird hier auf den Kopf gestellt; der Erfolg gründet auf der schrittweisen Entwicklung von Skrupellosigkeit. In *Absolute Power* (1997) geht die Entourage des Präsidenten so weit, seine Geliebte, die ihm gefährlich werden könnte, zu ermorden, und auch ein zufälliger Zeuge des Geschehens, Clint Eastwood, ist natürlich seines Lebens nicht mehr sicher. In *Idiocracy* (2003) ist ein Wrestler und Pornostar der beste Präsident für die Vereinigten Staaten. In der nahen Zukunft hat sich herausgestellt, dass Intelligenz und Bildung für Karriere und Reichtum ausgesprochen hinderlich sind. Die »Unterschichtkultur« hat die Herrschaft übernommen, Blödheit ist das Ideal, kritisches Denken in den Rang eines Verbrechens erhoben. Die Idee, dass ein vollkommen unfähiger, krimineller oder korrupter Mensch Präsident der Vereinigten Staaten wird, findet sich außerdem in Filmen wie *Wag the Dog* (1997), *Willkommen in Mooseport* (2004), *Hallo, Mr. President* (1995) oder *Man of the Year* (2006). In den 1960er Jahren gab eine andere Fantasie, die vom Popstar, der Präsident wird: In dem

Film *Wild in the Streets* (1968) erlässt ein junger Sänger gleich nach seinem Wahlsieg neue Gesetze: Alle sollen bedingungslos Spaß haben, und wer dafür zu alt geworden ist, kommt ins KZ. Der Präsident aus *Wild in the Streets* wäre heute, Moment mal, ja im Alter von Donald Trump.

Es gibt eine wiederkehrende Figur in den Erzählungen der Popkultur: Ein Mann, eine Gruppe, eine Familie aus der »Unterschicht« nimmt Besitz von einem Raum, von Insignien und Ritualen der »Elite«: Der US-Amerikaner Ralph Jones räkelt sich als *King Ralph* (1991) im Thronsaal der englischen Königshauses, die subproletarischen *Flodders* rülpsen und rüpeln im Nobelviertel, die Familie Grisworld benimmt sich grandios daneben im alten Europa. Zwei Vorstellungen des Populismus greifen da ineinander: Die Yankees mit ihrem ausgeprägten Pragmatismus, der »demokratischen« Missachtung feudalistischer Symbole und klassischer Bildung, befinden sich, bewusst oder nicht, in einem Rachefeldzug gegen »europäische« Sitten und Zwänge, und das Volk, das in die Räume der Macht eingebrochen ist, übernimmt und entweiht die Insignien der verhassten Kultur einer »Elite«. Trump lebt, von seiner Frisur angefangen und noch lange nicht endend in den pseudo-aristokratischen Ausstattungen seines Refugiums hoch oben im Trump Tower, den schlechten Geschmack als genussvolle Usurpation aus. Der *pauper* in der Welt der *princes*.

Monster und Macht

Für viele Wähler, sagt man, sei der aggressive Populist weniger ein Wesen, mit dem man sich identifiziert, als vielmehr ein Instrument, um den Unwillen gegenüber dem Establishment und seinen moralischen und politischen Imperativen auszudrücken. Er ist, mit anderen Worten, für etliche Menschen ein »Monster«, ein Bild, mit dem man auch Angst machen will. Dieser Angstmacher-Aspekt darf nicht unterschätzt werden, auch und gerade in seiner Ambivalenz. Denn auch das wissen wir aus unserer populären Mythologie: Das Monster, das wir erzeugen und von dem wir glauben, es kontrollieren zu können, hat die fatale Eigenschaft, sich selbstständig zu machen, ja sogar jene anzugreifen, die es geschaffen haben.

Das Monströse an Donald Trump ist keine Erfindung empfindsamer Linksliberaler, es ist Teil seiner politischen Inszenierung, es ist Teil seiner Ikonografie (erinnern wir uns an den Fernsehauftritt mit Hillary Clinton, bei dem er wie ein Gespenstertier auf der Bühne herumlief); es ist die Drohung des Losgelassenwerdens, so wie die Sprache am Rande des Artikulierens in aggressive, repetitive Laute übergeht und so wie sich die Maske offenbart. Wenn man Donald Trump mit Frankensteins Ungeheuer und ähnlichen *man made monsters* der

Das lauernde Monster im Hintergrund: Trump in der zweiten Fernsehdebatte mit Hillary Clinton

Kinogeschichte vergleicht, dann ist das keine kritische Despektierlichkeit, sondern Teil einer politischen Mythologie: Man liebt das Monster für die Angst, die es nun eben beim Establishment hervorruft. Es ist der Golem, den man sich schafft, um Unterdrücker zu bezwingen und die Fremden zu vertreiben, aber das Wesen aus der Büchse der Pandora bringt vielleicht doch mehr an Verderben als gedacht. Im Monster jedenfalls steckt stets ein gar nicht so heimlicher Wunsch nach der Katastrophe, nach einem Ende-Machen. Es ist selber in gewisser Weise unschuldig, es weiß nicht wirklich, was es tut; die wahren Schuldigen sind die Herren in den Universitäten (wie verlachten sie Frankenstein für seine Genialität!) und in den Schlössern, aber auch die guten Bürger und ihre Familien, in deren unruhigen Träumen das Monster noch einmal wirkt: Es zeigt ihre verborgenen Sünden, die Brüchigkeit ihrer Ordnung. Man liebt das Ungeheuer für das Glitzern der Angst in den Augen jener, von denen man sich herabgesetzt fühlt, aber auch für die Spur der Verwüstung, die es hinterlässt.

So wie der Volksheld offenbart, was im politischen System nicht stimmt, der Selfmademan mitsamt seiner Gangster-Connection zeigt, was im ökonomischen System nicht stimmt, der furchtbare Sexualclown zeigt, was in der Geschlechterordnung nicht stimmt, so zeigt dieses Monster, was im Bewusstsein und mehr noch im Unterbewusstsein der Bürgerinnen und Bürger nicht stimmt. Es ist eine verborgene Wahrheit, die da ans Licht will (auch wenn das Monster selbst mit dem Licht so seine Schwierigkeiten hat).

Zyklus und Selbstreinigung

Der Volksheld, der Clown, der auf seine Art mehr Wahrheit vermittelt als die Intellektuellen und Kritiker, der Outlaw, der allein den Kampf mit den vielen aufnimmt, der Mann vom Lande gegen die »zivilisierte« Ignoranz, das Monster, der heilsame Schocker, der in der Krise geborene Volkstribun, der Selfmademan – all diese Figuren verbinden sich in Trump zu einer Gestalt, die eine Bildbotschaft erzeugt. Ein Volk hat es dem Establishment gezeigt, ein lärmendes Es hat ein demokratisches Über-Ich entthront, der Selbstmacher bezwang die Machenlasser, ein Körper bezwang die Ideen.

Aber diese Gestalt wurde nicht erst in der »schmutzigen« Wahlschlacht geboren. Donald Trump war schon ein Jahrzehnt lang als doppelter Körper in der Öffentlichkeit sichtbar, als ein Businessman, der sozusagen sein eigenes Markenzeichen geworden war, und als mediale Kunstfigur, die viele der oben aufgeführten Vorbilder zitierte, variierte und persiflierte. Donald Trump war ja schon lange vor seinem Wahlkampf bei den *Simpsons* Präsident geworden, wo er das Land fachgerecht in den ökonomischen Ruin geführt hatte. Und was hatte die Macher der Serie um ihren Schöpfer Matt Groening dazu bewegt, ausgerechnet den damals noch eher medial als politisch präsenten Trump im Jahr 2000

Scary Clowns: Krusty in den *Simpsons* und ...

für die Folge *A Recipe for Disaster* als groteske Katastrophengestalt zu wählen, um Lisa Simpson (sehr Hillary-like gekleidet übrigens) zur Rettung ins Weiße Haus zu schicken? »Es war einfach die absurdeste Vorstellung, dass gerade dieser Kerl Präsident würde.« Das Rezept für das Desaster aber war in der Welt, und es hätte, bei der Verbreitung der *Simpsons* in der Welt, allen Grund gegeben, gewarnt zu sein. Aber noch lebte man ja in einer Kultur, in der man allen Ernstes einer soziologischen Untersuchung mehr Wahrheitsgehalt zutraute als einer *Simpsons*-Folge. Das immerhin wird sich nun wohl ändern.

Trump war eine »Marke«, er hatte überall seinen Namen hinterlassen, brandete Architekturen, Shops, Hotels, Tragetaschen, Bücher, Filme. Es war ihm, auch wenn man auf guten Geschmack und »vernünftige« Informationen erpicht war, nicht wirklich zu entkommen. Trump war die Figur, die zugleich vom Virtuellen ins Reale (aus dem Fernseher in die Stadtarchitektur) und vom Ökonomischen ins Politische übersprang. Es gab kein Geschäft, das er tätigte (jedenfalls was den öffentlichen Anteil daran angeht), das nicht zugleich der Verbreitung und der »Füllung« der Marke Trump galt.

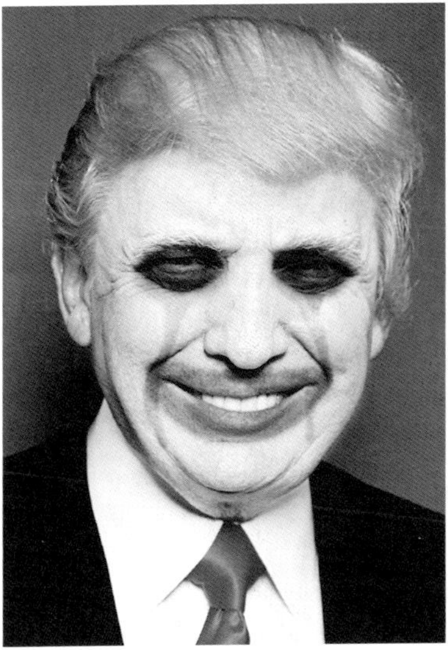

... Donald Trump als *Joker*

Es war das Markenzeichen, das auf einer anderen Ebene auch ein agierender Mensch war, nicht wie ein klassischer »Unternehmer«, der seine Firma repräsentiert, sondern als eine Marke, die den Dingen anhaften blieb. Und auf der anderen Seite war

Trump nicht allein eine Medienfigur, in seiner eigenen Show, in Büchern, in den Homestorys, in signifikanten »Gastauftritten« in Serien und Filmen – darunter *Die kleinen Superstrolche* (1994) –, sondern immer schon eine, die auf dem Sprung war in die andere, die reale Welt. Darin ähneln im Übrigen seine Auftritte einer weiteren amerikanischen Ur-Gestalt, dem Groucho Marx, der jede Bühne nutzt, alles so durcheinanderzubringen, um herauszuholen, was herauszuholen ist, und dem man – eine Zeit lang jedenfalls – noch die absurdesten Forderungen erfüllt.

Dass Schauspieler in die Politik gehen, Politiker Unternehmer (oder wenigstens Unternehmensberater werden), dass Unternehmer sich zu Reklamefiguren ihrer Produkte stilisieren lassen, dass Politiker in den Medien herumgereicht werden, dass Reiche Bücher schreiben, die versprechen, ihre Leser auch reich zu machen, aber in Wahrheit nur die Reichen noch reicher – all das ist man gewöhnt. Aber mit Donald Trump verhielt es sich doch noch ein wenig anders. Er war von Beginn seiner bizarren Karriere an ein Alles-in-allem. Er wäre ohne Weiteres durchgegangen als eine Medienfigur, die den Reichen oder gar Superreichen nur spielt, und ebenso wäre er durchgegangen als ein Provokateur, der irgendwann, wie Krusty, der Clown, die Maske abgelegt hätte, weil er keine Lust mehr auf das Spiel hatte. Vielleicht ist es ja wirklich so, dass er selbst am meisten enttäuscht über seinen Sieg ist. Vielleicht auch nicht. Es war nicht der Politiker, nicht einmal der reaktionäre, populistische, kapitalistisch-anarchistische Politiker, der die Wahl gewann, es war das Mediengespenst. Es war die Marke Trump, bei der es längst nicht mehr darauf ankommt, welches Produkt oder gar welcher Mensch dahintersteckt, sondern darauf, welche Lebenswelt, welche Lust- und Angstzonen, welche Fantasiereiche sie repräsentiert. Politik heißt auf Wirklichkeiten reagieren, schlecht oder recht, Trumpismus dagegen heißt, sich eigene Wirklichkeiten zu errichten, jenseits der großen Erzählungen von Vernunft und Moral.

Der Trumpismus, Twitter und ein »Trump Tower«

Medienkämpfe (nicht nur) mit 140 Zeichen

Donald Trump inszeniert sich in allen seiner Unternehmungen vor allem selbst. Ein »Trump Tower« kann nur einen Anspruch auf Macht und Überhöhung ausdrücken, und die Residenz hoch über der Stadt, die die Kernfamilie Trump in barocker Überpracht und mit, für europäische Augen, so furchtbar schlechtem Geschmack zeigt, ist Parodie und Erfüllung des Machttraums zugleich. Alles was Trump macht, hat den Charakter einer Aneignung und zugleich den einer lustvollen Schändung.

Die Reality-Show *The Apprentice*, die in den USA seit 2004 wöchentlich mit großem Erfolg ausgestrahlt wird, ist auch eine direkte Abbildung seiner neuen Funktion. Donald Trump hat für den Gewinner der Show einen mit stattlichen 250.000 Dollar dotierten Jahresvertrag bei einer seiner verzweigten Firmen als Preis ausgelobt. In *The Apprentice* müssen miteinander konkurrierende Teams bestimmte Aufgaben lösen, wie sie in der beinharten Geschäftswelt wohl vorkommen sollen, und wer dabei versagt, wird mit den Worten »You're fired!« entlassen. Und diese Worte sprach mit größtem Genuss eben jener Donald Trump, der seine Millionen mit Immobilien, aber eben auch immer im Showgeschäft gemacht hat. Was an dieser Show besticht, ist ihre vollkommene Ehrlichkeit. Hier wird nichts unter dem »demokratischen Schönsprech« verborgen, genau so ist es: ein Überlebenskampf, in dem es keine beruflichen Biografien, sondern nur Gewinner und Verlierer gibt, und keine Solidarität, sondern ausschließlich strategische Allianzen und sadistische Freude an der Niederlage der anderen. Nachdem Donald Trump im Jahr 2015 den Rückzug aus seiner Sendung und seine Kandidatur um den Präsidentenposten verkündet hatte, waren noch etliche aufrechte Demokraten und Stilkritiker der politischen Kultur der Meinung, es könne sich dabei nur um einen – zugegeben: brillanten – Scherz eines medienbewussten und zu einer gewissen Eitelkeit neigenden Außenseiters handeln. Schließlich wirkten die Auftritte von Donald Trump im Vorwahlkampf oft wie die Fortsetzung von Trash-Fernsehen mit anderen Mitteln. Niemand, vielleicht nicht einmal der Protagonist selbst, schien zu bemerken, wie sich der Übergang von der zweiten zur ersten Wirklichkeit vollzog und dass sich ein Mann, der sich selbst zu einer Kunstfigur der populären Kultur gemacht hatte, in die politische Wirklichkeit bewegte.

Was sich als Kampf des Einzelnen (und seiner vielen, vielen Anhänger) gegen eine Übermacht von Presse und Medien darstellen will, ist natürlich in Wahrheit ein Kampf um die Medien. Warum aber kann jemand, der offensichtlich so sehr Produkt der Medien ist, diese zugleich unter dem Applaus seiner Anhänger als Feind identifizieren? Gewiss geht es zuerst um die Angriffe auf die »liberalen« und gar die »linken« Medien, von denen man sich gekränkt fühlt und »unfair« behandelt wähnen darf. (Natürlich »weiß« man es besser, aber eben darum geht es nicht.) So wie einer als Held gegen das Establishment antreten und gewinnen kann, der niemand anderem dienen wird als eben diesem Establishment, so kann einer, der nur durch mediale Präsenz und mediales Echo zu Macht kam, die Medien als das Sündige darstellen. Allen voran die widerständige Musik und das schon immer hoffnungslos »liberale« Hollywood sind der populistischen Anschauung ein Dorn im Auge.

Dass Donald Trump vor allem in der Erzählung der Popkultur lebt und agiert, untermauert er selbst: Er scheint sich kaum für die große Weltpolitik zu interessieren, jedenfalls jenseits seiner Wahlkampfthemen von Gewalt und Steuerbefreiung, dafür umso mehr für die Geschehnisse in den Medien, vor al-

Medien-Kämpfe via Twitter

lem, was sein eigenes Bild anbelangt. Die Darsteller des Musicals *Hamilton,* die einen moderaten Appell an Trumps Vizepräsidenten Mike Pence (der im Publikum saß) richteten, und die von Trump zutiefst gehasste Satiresendung *Saturday Night Live* scheinen den baldigen Präsidenten sehr viel mehr umzutreiben als die Zukunft des eigenen Landes. Freilich geht in diesen Konflikten zwischen dem »Boss« und den unliebsamen Bildern das symbolische Duell aus dem Wahlkampf einfach weiter. Erinnern wir uns an die ursprüngliche Bedeutung des »Tycoon«: Er ist der, von dem auch in seiner Abwesenheit nur »vorsichtig« gesprochen werden darf.

Was der Boss macht, das ist erwählen und verdammen, jemanden gewinnen oder verlieren lassen, mit Belohnungen bedenken oder abstrafen. Dazu muss es keine konsistente Linie geben; an einem Tag kann ein und dieselbe Institution, wie die *New York Times* zum Beispiel, mit Verbalinjurien bedacht und dann wieder hoch gelobt werden (»ein amerikanisches Juwel«). Und wieder stöhnen die Vertreter des demokratischen Diskurses auf: Das alles sei doch nicht »durchdacht«. Aber eben darum geht es dem Volkshelden/Selfmademan/Narziss und Politclown, darum geht es Goofy und Bugs Bunny und Popeye: Nicht um das Durchdachte ist es ihnen je zu tun gewesen, sondern um den direktesten Ausdruck der Launen und der Empfindungen des Performers. Bugs Bunny, nur zum Beispiel, ist das Muster von Inkonsistenz, er wendet sich mit unverschämter Freundlichkeit jenen zu, denen er im nächsten Augenblick eine Dynamitstange in die Hand drückt.

Wie in Deutschland die »Lügenpresse«, so dient das »linke Hollywood« oder generell die liberale, demokratische Seite des Entertainments als willkommenes Angriffsziel. Selbst die Muppets waren nicht dagegen gefeit, von der eifernden Rechten in den USA als Agenten des Antiamerikanismus entlarvt zu werden: Dan Gainor von *Fox Business* kommen-

Die Trumpisten mögen das »linke« Hollywood nicht – und umgekehrt: Johnny Depp als Donald Trump und Michaela Watkins als dessen erste Ehefrau in *The Art of the Deal – The Movie*

tierte mit großer Entrüstung die Tatsache, dass ein texanischer Ölmagnat im *Muppets*-Spielfilm (2011) als Bösewicht gezeichnet wurde, das kann für einen wie ihn nur »Gehirnwäsche für unsere Kinder« sein. Derselbe Dan Gainor hatte übrigens zuvor öffentlich bekundet, Barack Obama sehe aus wie »ein Drogensüchtiger aus dem Ghetto«. In jedem Volkshelden steckt ein kleiner Diktator, und die populistische Bewegung läuft noch stets auf den Beginn einer terroristischen Bewegung hinaus.

Das ideale Medium des neuen Wahlkampfes ist die Twitter-Mitteilung. Sie darf nicht nur, sie muss verkürzen, zuspitzen, personalisieren. Im Tweet gibt es kein Programm und keinen Diskurs, es ist immer die Provokation eines radikalen Subjekts, das nach »Folgern« und nach Zustimmung verlangt, oder aber auch nach den Reaktionen und Gegen-Tweets, auf die die Follower nur gewartet haben können. Die Kurzmitteilung ist wie ein Köder im Meer der Unaufmerksamkeit. Während der traditionelle Politiker bei einer Wahlkampfrede sein »Ich« als Repräsentant eines »Wir« setzt, verfährt der Twitter-Politiker genau umgekehrt. Er versucht, aus einem radikalen Ich erst ein Wir zu schaffen, freilich ohne die Subjekthaftigkeit seiner Aussage dabei zu opfern. Man »diskutiert« nicht im Twitter-Format. Vielmehr werden sprechende Subjekte jenseits der Diskurse konstruiert. Und so wie er das »sprechende« Subjekt isoliert, so isoliert der Tweet auch den Moment. Ich spreche jetzt. Ich gebe ein Zeichen von mir.

Die Twitter-Nachricht ist also nicht unbedingt nur ein neues, populäres Medium zum Austausch politischer »Meinungen«, mögen diese auch, der Form geschuldet und der Aufmerksamkeitsstrategie, emotionalisiert und in gewisser Weise infantilisiert sein; sie erzeugt ein neues politisches Sprechen, sie ist Pop als Politik oder Politik als Pop. Das betrifft neben dem radikalisierten Subjekt und seinem Publikum vor allem die emblematische Erzählweise. Ein Tweet ist vor allem eine Maske (oft genug, gewiss, eine Fratze); man sieht einem Gedanken weder bei der Entstehung noch bei der Formulierung zu, sondern erhält ihn wie einen Stoß. Nicht selten, nicht nur bei Popstars, bestehen die maximal 140 Zeichen aus purem Nonsens oder einer Widersinnigkeit, zumeist aber scheinen sie einen Kurzschluss zwischen der öffentlichen Erscheinung und dem privaten Selbst anzuzeigen. Im Tweet wird der »private« Mensch vorgeführt; das radikale Subjekt des Augenblicks erzeugt zugleich Intimität und Slogan; es ist, als würde einer nackt eine Fahne tragen. An dieser Grammatik der Kurzmitteilung als neuer Form des Sprechens ändert es auch nicht viel, wenn die Tweets gar nicht vom vermeintlichen Absender stammen, sondern von einem mehr oder weniger geschulten und tückischen Team oder gar von einem Algorithmus. Genauso wenig hat es Donald Trump ja geschadet, als ruchbar wurde, dass er nicht Autor seiner Bestseller-Ratgeber zu schnellem Erfolg und Reichtum war. (Dass sein Verleger süffisant bemerkte, von Trump stamme nicht einmal eine Postkarte an den Verlag, mag auf die Kränkung der »alten« diskursiven Kultur verweisen: Die Verlage verstehen sich als Verteidiger der Aufklärung, aber zur gleichen Zeit beschleunigen sie mit trumpistischer Literatur deren Untergang und damit auch den eigenen. Nicht nur im Fernsehprogramm, sondern auch auf dem Buchmarkt findet sich das Erfolgsmodell des Trumpismus vorgeformt.)

Trump spielt Al Capone

Das radikale Subjekt, das im Tweet seinen augenblicklichen Ausdruck findet, drängt dazu, sich auch architektonisch zu verwirklichen, nicht wie im alten Europa, in dem sich auch der demokratische Fürst gerne zu Lebzeiten ein Denkmal errichten lässt, sondern als direkte Darstellung des Macht-Raums: Diese kann gar nicht symbolträchtig genug sein, und natürlich hat auch sie Vorbilder in der Popkultur. Der Trump Tower wird zu einer »Festung der Einsamkeit«, einer »Bathöhle«, zu einer dieser absurden »Zentralen«, die Welteroberer und -zerstörer in James-Bond-Filmen ihr Eigen zu nennen pflegen. Das phallische Signal mag freilich auch suggerieren, dass das Wahr- und Markenzeichen »Trump« noch steht, wo andere, die Twin Towers, gefallen sind. Das Marken-Subjekt reüssiert auch hier gegenüber der »demokratischen« Architektur der Verbindung von Politik und Ökonomie.

Im Trump Tower »empfängt« Trump zum Beispiel die Vertreter der Fernsehsender und Zeitungen, die er in seinem Wahlkampf so wüst beschimpft hat, und während nun alles auf ein großes Versöhnungsritual wartet, legt der Boss-Performer erst richtig los und beschämt die Protagonisten der ersten Erzählung, der demokratischen Diskurse und Informationen, die dumm genug waren, sich in seine höchst eigene Machtarchitektur zu wagen. Man muss kein Fan von Mafiafilmen sein, um zu wissen, dass es eben die Inkonsistenz ist, die Möglichkeit, von einem Augenblick auf den anderen von Freundlichkeit auf Gewalt umzuschalten, die die Bosse von ihren Consiglieri unterscheidet. Trump spielt Al Capone, und wir wissen nicht, wie man sich »spielen« dabei vorstellen muss, als bloße Darstellung oder schon als paranoides Reenactment. Und zu dem Spiel gehört zwingend, dass er die Gegner in den eigenen Machtbereich, ins Zentrum des radikalisierten politischen Subjekts lädt. Wenn das Weiße Haus das reine Sinnbild des politischen »Dienens« ist (der »mächtigste Mensch der Welt« residiert in einer Architektur, die nicht ihm gehört, sondern der Kontinuität des Amtes und der demokratischen Öffentlichkeit), so ist der Trump Tower das reine Sinnbild des Herrschens. Schon hier begreifen wir, warum Trump sei-

In allen seinen Unternehmungen inszeniert sich Trump vor allem selbst: Das Trump-Hotel in Las Vegas, ...

nen Turm als Zentrum seiner Macht nicht wirklich verlassen wird.

Donald Trump scheint fest entschlossen, auch in der Funktion des Präsidenten das Prinzip Pop als Leitlinie des Handelns und der Öffentlichkeitsarbeit fortzusetzen. Seine Regierungsbildung gestaltet er aus seinem Trump Tower heraus als Castingshow, in der Triumph und Demütigung öffentlich zur Schau gestellt werden und die Entscheidungen in vollkommener Willkür vom Macher selbst getroffen werden, wofür es keiner anderen Legitimation bedarf als der Person des allmächtigen Host: »Es wirkt, als übertrage er das Modell seiner erfolgreichen Castingshow *The Apprentice* einfach auf die Politik: Die Kandidaten kommen zu ihm, hin und

... die Trump-Airlines, Trump-Mineralwasser ...

wieder gibt es gemeinsame Fotos und im Anschluss an das Treffen einen kurzen Kommentar dazu, wie sich der jeweilige Kandidat geschlagen hat.« (*Spie-*

gel Online vom 23.11.2016) Diese Kommentare wirken in der Tat dem Trashfernsehen entnommen: Ein »sehr talentierter Mensch« sei der eine, der andere habe »beeindruckt«, ein Dritter sei im-

... und Trump-Wodka (© buzzfeed.com)

merhin ein »ernsthafter Anwärter«. Der Unterhaltungswert dieser Show verbindet sich trefflich mit der Herabstufung solcher Kandidaten: Wer so über sich und mit sich reden lässt, der wird sicher auch später nie gegen die Interessen seines Bosses aufbegehren. Die Castingshow aus dem Trump Tower hat den Charakter einer öffentlichen Demonstration absoluter Macht. Es gehört zum Wesen des vulgären Imperators, dass an ihm und durch ihn alles Politische auch radikal persönlich ist, und umgekehrt ist alles Persönliche und Körperliche politisch. Ein Männerkörper hat sich in ein Zentrum der Macht verwandelt, das in keinem anderen Namen handelt als dem eines radikalisierten Subjekts auf der einen und dem eines imaginierten und sich selbst imaginierenden »Volkes« auf der anderen Seite. Donald Trump läutet das Ende der repräsentativen Demokratie nicht ein. Er zelebriert es. Er lässt es in jeder persönlich-politischen Geste, in jedem Tweet, in jeder inkonsistenten Beziehung zur Öffentlichkeit, in jedem lustvollen Schritt, sich und seiner Familie Macht sowohl über Politik als auch über Ökonomie und Medien zu verschaffen, gegenwärtig sein.

Was nun? Aus der Verzweiflung darüber, dass die erste Erzählung die Geschichte der Demokratie, ihrer Wandlungen und ihres möglichen Zerfalls nicht mehr adäquat wiedergeben kann, entstand der nächste Mythos, nämlich der von den *post-truth politics*. Er unterstellt, dass die Menschen sich für die Wirklichkeit der »Fakten« und Informationen, für Kritik und Aufklärung nicht mehr interessieren, sondern sich ihre emotionalen und psychischen Befindlichkeiten durch Bilder und Narrative bestätigen wollen. Aber die (Pop-)Erzählung, in der dies alles geschehen kann und geschieht, ist nicht »dümmer«

als die erste Erzählung von Demokratie, Vernunft und Faktizität, sie ist nur anders. In höherem Maße anders, als man vielleicht in der Betrachtung »von außen« wahrhaben will.

Die Ratlosigkeit herrscht freilich in beiden Erzählungen. Denn was Donald Trumps Triumph der ersten Erzählung angetan hat, dem demokratisch-rationalen und liberalen Diskurs, das hat er auf entgegengesetzte Weise auch der zweiten angetan. Wie sollten wir noch an die politische Unschuld von deutschen Schlagerköniginnen, an die satirische Widerspiegelung der *Simpsons*-Animationen, an die Kraft der Musik, an die ästhetische Subversion von Pop im Dienste der Freiheit glauben, wenn Pop sich so schamlos von der »politischen Wirklichkeit« hat benutzen lassen?

Donald Trump »funktioniert« weder in der einen noch in der anderen Erzählung als positives Modell, er »funktioniert«, weil die Ordnung der Erzählungen in sich und zueinander zerbrochen ist.

Spiel im Thronsaal: Eine Bildbetrachtung

Eine unheilige Familie

Ein sonderbares Bild macht da die Runde und verlangt nach Interpretation. Es ist in hohem Maße inszeniert, komponiert, schon am Rand zum Manieristischen, und es ist, so viel sei von der »offiziellen« Bildunterschrift schon verraten, »retuschiert«. Wie »echt«, »gestellt«, »manipuliert« oder auch »collagiert« die Situation ist – ein Mann, eine Frau, ein Kind und ein Zimmer mit Aussicht –, das ist also nicht mit letzter Sicherheit zu sagen. Für die Aussage ist es ohnehin kaum von Bedeutung.

Das Bild stammt von *Getty Images* und wird auf deren Homepage von einigen anderen, vorbereitenden, detaillierten und weniger ausgearbeiteten Fotoskizzen begleitet. Sie wirken wie Dokumente der Set-Arbeit, Vorgeschichten, Nahaufnahmen: Die Ankunft der *Drama Queen*, die, einen Diener im Schlepptau, in den verspiegelten Gang tritt, mit ihren Beutesachen in Louis-Vuitton-Koffern und -Taschen, sie selbst in Hellrosa gehüllt. Ausprobiert wurde offensichtlich auch, wie sich Aufnahmen machen, die Glasfassaden von New York als Hintergrund haben. Zu viel Stadt, vermutlich. Zu viel Wirklichkeit. Dann gibt es noch ein Bild, das die

dreiköpfige Familie um einen schweren Intarsien-Tisch sitzend zeigt. Ist es ein Fernrohr, das wir da im Hintergrund ausmachen? Ein weiteres Bild mit silber- und goldgerahmten Fotos, die natürlich auch wieder nur die eigene Familie zeigen. Zudem demonstriert die Fotoserie, wie sich die Modelle auf das Shooting vorbereiten. Der Mann betätigt den Auslöser (oder tut so), ganz so, als wäre er selbst der »Autor« der Bilder. Die Frau probt Kleider. Aber all das Einzelne und Episodische ist offensichtlich nur Vorbereitung auf dieses eine, das »ikonische« Bild: ein gewaltiges Herrscherbildnis – oder die Parodie darauf.

Um dieses Bild zu verstehen, könnte man ein Gedankenexperiment wagen und einfach so tun, als wüsste man nicht, um wen es sich handelt. Dann sind die ersten drei Eindrücke vollkommen klar: Reichtum. Macht. Und schlechter Geschmack. Das Zweite, was einen an diesem Bild auffällt: Nichts passt zusammen. Zum einen sind es drei Menschen, die offensichtlich ganz unterschiedliche Zeichen- und Stilwelten besetzen. Da in der linken Ecke sitzt ein etwas unbeholfener älterer Mann – die Scherze über sein seltsames Haarteil sind rasch gemacht. Die Mitte beherrscht zweifellos die makellos gestylte Frau; sie ist das Thema dieses Bildes. Der Junge am rechten

Bildrand wird mit Insignien eines Herrscherkindes versehen. Einem Löwen, den er reitet, schon ganz die Siegerpose trainierend, und den Kutschen zu seinen Füßen, die hier die Gestalt von Stretchlimousinen und Oldtimer-Rennwagen haben. Die etwas zu mächtig-knubbeligen Pfoten des Stofflöwen wiederholen sich formhaft in den Stuhlbeinenden. (Jetzt fängt man an, sich in Details zu verlieren.) Die gewaltigen Fensterfronten im Hintergrund lassen den Blick über Ländereien und weiter hinten Häuser schweifen. Herrscherblick.

So klar das Arrangement auch scheint, so schwer ist es doch zu entschlüsseln. Eine Möglichkeit: Es handelt sich um so etwas wie ein nachgeholtes Hochzeitsfoto. Der sitzende Mann und die stehende Frau gehörten zur Ikonografie des Ehebildes noch im 19. und 20. Jahrhundert. Doch es geht tiefer in die Mythologie. Es geht um eine Variation des Adam-und-Eva-Motivs. Der begehrende Mann, die verführerische Frau. Tja, und das Paradies. Im sitzenden Mann, der buchstäblich etwas be-sitzt, drückt sich das Settlement der Familie aus. Fotografien oder Gemälde des 19. Jahrhunderts, die stehende Männer und sitzende Frauen zeigen, scheinen instabiler, sie verweisen auf die Schwäche oder Krankheit der Frau. Die stehende Frau drückt ihre jugendliche

Kraft aus, der sitzende Mann seine selbstverständliche Macht: So ist geklärt, wem das alles, was sonst noch im Bild ist, »gehört«.

Das *Allgemeine Künstlerlexikon* weiß um die erotische Bedeutung der stehenden Frau, und um die politische. Sitzend besetzt man den Thron, dahinter stehen jene, die ihn bewahren und legitimieren. Die stehende Frau inszeniert den Körper; Königinnen, das kennen wir aus unseren Pop-Mythologien, hält es nie lange auf dem Thron. Könige hingegen, je älter, desto mehr, verschmelzen förmlich mit ihm. (Davon kann hier wohl noch keine Rede sein.)

Nachdem auch das geklärt ist – denn »thronhaft« genug ist der Stuhl des Herrschers ja –, mag man sich der Körperhaltung der drei Figuren widmen. Der Mann zeigt eine merkwürdige Fingerstellung, die wir von einer gewissen europäischen Politikerin kennen. Die Raute: In Jean-Luc Godards Film *Maria und Joseph* (1985), zum Beispiel, wird die Raute mit den Fingerspitzen nach unten ziemlich eindeutig als Darstellung des weiblichen Geschlechts charakterisiert. Die auch als »Raute der Macht« bezeichnete Geste der Kanzlerin befindet sich bei dem Mann im Bild zwischen den Beinen, sie ersetzt oder verdeckt demnach den Phallus. Wie wir von den Interpreten der Kanzlerin-Geste wissen, soll

»Raute der Macht«: Merkel, Erdoğan

diese allerdings, politisch gesehen, Besonnenheit, Kraft und Ruhe ausdrücken. Möglicherweise geht es, wie andere Körpersprachen-Forscher meinen, auch um die Darstellung geschlossener Kreise oder um die Fähigkeit, Brücken zu bauen. Wie dem auch sei, es handelt sich in jedem Fall um eine Geste von Macht-Haben und nicht um eine von Macht-Wollen. Es ist also offensichtlich ein Herrscher-Bildnis. Keine Überraschung, dass übrigens auch Recep Tayyip Erdoğan gerne die Merkel-Raute imitiert.

Die rote Krawatte des Mannes indes scheint eindeutig zu lang ausgefallen zu sein. Sie nimmt und nimmt kein Ende und wird unten, in seinem (rautenbedeckten) Schoß immer noch breiter. Der Mann kreuzt die Beine. Was will uns das sagen? Lassen wir den Ex-FBI-Agenten Joe Navarro zu Wort kommen. Aus seinem Buch *Menschen lesen: Ein FBI-Agent erklärt, wie man Körpersprache entschlüsselt* erfahren wir: »Unsere Beine kreuzen wir demnach nur dann, wenn wir uns wohlfühlen. Die plötzliche Anwesenheit einer Person, die wir nicht kennen, wird dazu führen, dass wir unsere Beine wieder auseinander nehmen.« (Und wir erinnern uns daran, dass männlicher Machtanspruch sich gerne in »Breitbeinigkeit«, nicht in gekreuzten Beinen ausdrückt.) Bemerkenswerterweise nun ist es kein normales, sondern ein sehr tiefes Beinekreuzen, die Beine wiederholen gleichsam die Raute. Nun wollen wir es noch einmal genauer wissen und ziehen *business-netz.com* zurate: »Sind die Beine übereinandergeschlagen, ist entscheidend, welches Bein dabei den Kontakt zum Boden – also zur Erde (Erdung) hat und welches frei spielt. Steht das rechte Bein/Fuß auf dem Boden, wird der rationelle Standpunkt ausgedrückt. Steht das linke Bein/Fuß auf dem Boden, wird sich emotional orientiert.« Aha. Beide Beine stehen zwar auf dem Boden, aber das rechte vorn fester, das linke ist nur angewinkelt, locker: rationaler Standpunkt, ganz klar.

Während also alles an diesem Mann Ruhe, Verlässlichkeit, Sicherheit auszustrahlen scheint, offenbar aber auch einen Verzicht auf aggressivere Männlichkeitsgesten, ist die Frau, die hinter seinem (ehrlich gesagt dann doch ein bisschen kleinen) Thron steht, das genaue Gegenteil. Nur das sonderbare Haarteil des Mannes scheint sich mit dieser allgemeinen Beruhigung des massigen Körpers nicht abfinden zu wollen. Es steht, sozusagen, auf, und erinnert dabei ein wenig an die Krawatte des Programmierers Dilbert, die ebenfalls ständig ohne äußere Ursache aufstand (bevor ihm sein Zeichner einen legereren Pullover verpasste; so ändern sich Dresscodes). Die Balance der Beinhaltung der Frau ist jedenfalls, sagen wir, ein wenig prekär. Ziehen wir eine weitere der vielen, vielen Beratungsdienste zur Körpersprache im Dienste der Karriere zu Rate: »Beim optimalen Stand ist das Gewicht gleichmäßig auf beide Beinen verteilt. Wer hingegen ständig das Standbein wechselt, wirkt unruhig und flüchtend. Wer sein Gewicht auf den Ballen lagert, möchte aktiv werden, während derjenige, der vorwiegend auf den Fersen steht, tendenziell an Rückzug denkt.« So Monika Matschnig auf ihrer Beratungsseite *Wirkung. Immer. Überall.* Nun ja, was wir sehen, ist natürlich auch eine klassische Tanz- und Modelpose.

Gleich geht es weiter, gleich geht es los. Und schon weht ja auch das Gewand, das so aussieht, als wäre es zum Wehen gemacht. Der Faltenwurf oder auch die Draperie ist in der Kunst nicht nur Hinweis auf das wahre Können des Malers, sondern auch der Bedeutung der Figur angemessen. Faltenwurf bedeutet schließlich das Gegenteil von Nacktheit, die Vollendung der Zivilisierung, oder aber: zweiter Körper. Verdoppelter Körper. Es gibt »reichen Faltenwurf« und keinen armen, nicht einmal einen bescheidenen. Je mehr Falten ein Gewand hat, desto mehr Stoff können sich die Menschen darin leisten.

Dass eine, gar die linke Hand in die Hüfte gestemmt ist, interessiert unsere Spezialisten der Körpersprache selbstverständlich auch. Aber man wäre natürlich auch ohne sie darauf gekommen, dass hier Energie und Selbstbewusstsein im Spiel sind. »Hände in die Hüften stemmen: Imponiergehabe, Entrüstung, Raum greifend.« So sieht es Angela Warnings *Körpersprache – Zeichen und ihre Bedeutung*.

Während der Mann in der linken Bildhälfte mehr oder weniger gewinnend grinst, schaut die deutlich jüngere Frau ernst, entschlossen und vielleicht nur einerseits so, wie Models immer schauen, nämlich als wäre es die bedeutendste und dramatischste Sache der Welt, gut gekleidet in der Gegend herumzustehen. Die langen, ein wenig wallenden Haare tun das Ihre, Bedeutung und Dynamik zu vereinen. Übrigens bildet, kleine kompositorische Meisterleistung, die textile Gestalt der Frau wiederum ein Dreieck, nun freilich mit der Spitze nach oben.

Dem Kind müssen wir schon deswegen ein wenig Mitleid entgegenbringen, weil es so isoliert von seinen Eltern ist. Auch sonst erscheint der Junge im gewiss nicht sonderlich bequemen Anzug eher wie eine Statue als ein lebender Mensch. Umso verständlicher sein etwas verlorener, ja leerer Blick: Wir ahnen schon kommende Tragödien, von denen schwere Drogensucht und berufliche Haltlosigkeit noch die minderen sein werden. Er reitet einen unbeweglichen Löwen aus Stoff (nicht aus Stein), und das macht sichtlich keinen Spaß. Der Junge trägt eine Art Pagenfrisur, und so sieht er noch »englischer« aus als ohnehin. Zu seinen Füßen bilden eine weiße und eine schwarze Stretchlimousine – wer hätte es gedacht – wiederum ein Dreieck, und zwar in der väterlichen Manier mit der Spitze nach vorn. Eine weiße und eine schwarze. Leben und Tod. Oder wenigstens: Picknick und Business.

Der Raum, in dem diese Herrscherfamilie posiert, erlaubt nach allen Seiten weite Blicke. Der Boden ist mit schweren Teppichen bedeckt. Ein zweiter, identischer Thron steht unbenutzt im Hintergrund am Fenster. Bereit, einen anderen König, wer weiß, mit einer anderen stehenden Frau zu empfangen, mit denen sich auf Augenhöhe sprechen lässt. Für die Hofmitglieder ist eine seitwärts angebrachte, gepolsterte lange Sitzgelegenheit so drapiert, als wäre dieser Thronsaal durchaus für größere Audienzen gedacht, für ein Publikum auf Abstand. Brokatkissen geben dem eierschalenfarbenen Bezug einen besonderen, fast möchte man sagen leidenschaftlichen Akzent. Zwei glitzernde Leuchten von formidablem Ausmaß organisieren den oberen Raum, der durch eine Täfelung abgeschlossen wird, und wir erkennen ein Deckengemälde. Ist es Moses, der sein Volk aus der Versklavung führt oder erst einmal auf den Berg klettert, um die göttlichen Direktiven zu erhalten? Reliefsäulen halten diese Decke auf Abstand, in geriffeltem Marmor mit goldenen Kapitellen. Im Hintergrund sehen wir den ebenfalls goldenen Tisch, der mit Familienfotos überladen scheint. Dem Ganzen kommt zweifellos etwas Schreinhaftes zu. Eine Familie, die sich selbst anbetet. Ein Familie, die nichts anderes hat, an das zu glauben wäre. Immerhin kommt im Vordergrund links und rechts etwas Natur, die grünen Ausläufer zweier Pflanzen ins Bild. Dieser merkwürdige

Thronsaal muss offenbar all die Symmetrie aufweisen, deren es im Familien-Arrangement selbst so eindeutig mangelt. Aber Herrscher-Ehen werden, wie wir wissen, nicht aus Gründen von Zuneigung und Verbundenheit geschlossen.

Homer Simpson im Buckingham Palast

Sehen wir uns einmal das Pendant, sozusagen das Außen-Bild zu diesem Hochzeits-/Familien-/Herrscherbild an (eine weitere Beigabe in der *Getty*-Serie): der Herrscher bei einer Ansprache an das Wahlvolk, das er mit ausgestreckter rechter Hand adressiert. Die Frau steht daneben und hat nichts Rechtes zu tun.

Auf der Seite *verkaufen-lernen.net* erfahren wir: »Alles Negative strebt nach unten« und »Alles Positive ist nach oben gerichtet«. Und Hände aufwärts führen heißt (nicht nur im Verkaufsgespräch, nehmen wir an) »Freude, positive Gefühle«. Die Frau steht im grau-beigen Kostüm neben dem positive Gefühle verbreitenden Mann, die Hände ineinandergelegt, wie um sich zur Ruhe zu zwingen; die Entsexualisierung ihrer Erscheinung scheint nicht ohne Probleme abzugehen, dem anderen Blick ist schwer standzuhalten. Eine geradezu überdimensionierte Schnalle befindet sich über dem Bauch und lässt die Taille verschwimmen, so nachhaltig gebändigte Weiblichkeit nimmt schon wieder parodistische Züge an; nur die großen Ringe an den Händen weisen die Majestät aus.

Die Rollen scheinen vertauscht. Hier darf der Mann toben und Dynamik zeigen und die Frau sich buchstäblich zusammennehmen. Alles außer der Frau ist in Blau gehalten, die Fahnen von New Hampshire, der schwere Bühnenvorhang und der Anzug und vor allem die Krawatte des positive Gefühle verbreitenden Mannes. Und das Schild, das uns natürlich verrät, um wen es sich handelt. Ja, es ist Donald Trump, seinerzeit noch Präsidentschaftskandidat, und neben ihm seine Ehefrau Melania. *Make America Great Again* prangt auf dem Schild auf dem Rednerpult, darunter eine Anmutung wie von schweren, geflochtenen Schiffsseilen. Hier muss etwas zusammengehalten werden. Und hier ist alles kraftvoll und stabil.

So kehren wir, mit neuen Voraussetzungen, in den Innenraum und die Inszenierung der Familie, zum ikonischen Foto aus dem Trump Tower, dem Wohnzimmer von Melania Trump, Rapunzels goldenem Turmzimmer-Verlies, zurück. Es ist das Bild geradezu manisch-tragischer Fremdheit, das uns hier geboten wird. Allerdings fragen wir uns,

TRUMP
Text "TRUMP" to 88022
Manchester, NH
MAKE AMERICA GREAT AGAIN!

ob das so gewollt ist. Handelt es sich nämlich um ein Model-Foto von Melania Trump, ist ein solcher Effekt obligatorisch: Setze das Model in eine ungewöhnliche, ja widersinnige Umgebung und konfrontiere Mode mit Alltag, Geschichte und Monument; der Effekt wird Aufmerksamkeit erregen und dann doch den Blick auf das Entscheidende, die Mode nämlich, lenken. Und was wäre effektvoller, als das Model zwischen zwei einander offenbar vollkommen fremden männlichen Wesen, beide in irgendwie unpassendem Alter, zu präsentieren, in einer Umgebung, die aussieht wie die Kulisse für einen schlechten Historienfilm: Napoleon, Joséphine – und Zombies. Nach den Gesetzen der Modefotografie mithin ein überaus gelungenes Bild. Würde es sich um ein politisches Werbefoto, eine propagandistische Homestory handeln, sähe die Sache schon anders aus. Und doch ist es auch in dieser Hinsicht vollkommen. Es trägt gleichsam die Wünsche von Trump-Unterstützern mit sich, als hätte es sich Homer Simpson im Buckingham Palast gemütlich gemacht und wäre nur über einen gewissen Mangel des Throns an Arschfreundlichkeit irritiert. Den hätte er sich irgendwie höher vorgestellt, und irgendwie gehört alles ihm. Für einen kurzen Augenblick der Geschichte.

Nur wenn es sich wirklich um ein Familienfoto handeln würde, hätten wir Anlass zur Sorge.

Was ist da geschehen? Eine einfache Erzählung wäre die von einer Usurpation: Eine Comic-Book-Familie, White Trash, typisch amerikanische »Emporkömmlinge«, Neureiche haben sich einen Raum weit über der Stadt erobert und sich mit Beutestücken einer längst untergegangenen Kultur umgeben, und sie lassen sich von einem »Künstler«, der nun nicht mit dem Pinsel, sondern mit der Kamera arbeitet, in dieses Ambiente hineininszenieren. Europäische Arroganz spricht aus dieser Erzählung, mindestens hochgezogene Augenbrauen.

Die andere Geschichte ist globaler, bedeutungsgeladener, aber auch nicht viel optimistischer. Die neuen Herrscher führen da ihr *Beggar's Banquet* nicht aus, sondern sind selbst vollkommen hereingefallen auf diese Inszenierung, sind schon längst nicht mehr sie selbst, können nicht mehr zurück, wie Homer Simpson zurück kann, der bei allen entsprechenden Gelegenheiten dann früher oder später doch von der Sehnsucht nach seinem Häuschen, seinem biergefüllten Kühlschrank und seinem Fernseher gepackt wird und ganz nebenbei den ganzen Snobismus und das Gepränge als lächerlich und irgendwie ungenießbar entlarvt. Es ist also gar nicht klar, ob drei Menschen, die aus der Unterschicht oder was für Fernen ganz nach oben kamen, die Signaturen einer alten Klassenherrschaft erobert haben oder ob umgekehrt Zeichen und Inszenierung einer alten Klassenherrschaft drei Menschen erobert haben, die sich in ihrem Machtraum bewegen, der aber schon drauf und dran ist, ein Todesraum zu werden. Was ganz und gar fehlt an dieser Aktualisierung der wiederkehrenden Fantasie von der Usurpation von Herrschaftsräumen durch unsere Vertreter, die mehr oder weniger charismatischen Repräsentanten des Volkes, die Flodders dieser Welt: Das ist der Spaß.

In anderen Fotoserien aus diesem Raum erfahren wir, dass es Melanias Raum ist (einmal sehen wir sie ein einsames Frühstück darin einnehmen, Orangensaft, kein Champagner); Donald und Barron (Barron?) sind offenbar in Wirklichkeit hier seltene Gäste. Wir verstehen die Fremdheit der beiden nun besser, und es ergibt sich eine andere Geschichte, die vom goldenen Käfig, von einem Xanadu, das noch viel furchtbarer geraten ist als das des Citizen Kane.

Diese Macht ist also schon im Ansatz ungenießbar, das exakte Gegenbild zum gediegenen, niemals protzigen, aber auch nicht zu bescheidenen Bürgertum der Familie Obama. Wir könnten also sagen: Aha. Dass die Trumps, eine schreckliche nette, nein, vielleicht doch nicht so nette Familie, da sind, wo sie sind, das belegt die Durchlässigkeit der Klassenschranken. Aber man kann es wiederum auch anders lesen. Es ist nicht möglich, die Klassengesellschaft zu verlassen. Das Recht, von dem dieses ikonische Bild erzählt, alles zusammenzustellen, was nach Reichtum und Macht aussieht, wie man es aus den Filmen kennt, ohne die dazugehörige »Bildung« zu haben, entspricht dem Recht, nicht zu wissen, wo Paris liegt, und zugleich der Welt mit Atombomben zu drohen. Das liberal-bürgerliche Herz stockt nur einerseits, weil es zur kulturellen Überheblichkeit neigt. Andererseits ahnt es Zusammenhänge zwischen dieser tristen Inszenierung im Turm, der seltsamen Familienaufstellung, den feudalen Zeichen und der Politik. Erst wenn man das Familienbild (Innen) und das Wahlkampfbild (Außen), Herrschaftsbild und Machtbild, Ikone und Propaganda übereinanderlegt, wird ein *whole picture* daraus.

Auf die bürgerliche Souveränität im Umgang mit Luxus bei den Obamas folgt nun das Schauspiel des offensiv gelebten Widerspruchs. Mag sein: Diese Geschmacklosigkeit ist nicht weniger Programm als die verbalen Ausfälle, eine weitere

Form der Selbstermächtigung. Trumps, die sich nur durch Trumps erklären, aber zugleich eben von unendlich vielen anderen Instanzen und Medien erklärt werden. Medien, in denen dieses Bild nicht als schaurige Groteske, sondern als Traumbild und Wunscherfüllung ankommt. Die Inszenierung der Bilder, der Familienporträts und der öffentlichen Auftritte, die Vertrashung der Kultur und die Nobilitierung des Trash nehmen medial jenes Bündnis vorweg, vor dem Hannah Arendt gewarnt hat: die Verbindung der ökonomisch-politischen Elite mit dem »Straßen-Mob«.

Das Bild drückt nicht die klassenlose Gesellschaft aus, sondern einen Zusammenschluss der neuen ökonomischen Eliten mit den ökonomischen Verlierern gegen die alten Eliten (die sich immer auch kulturell definieren mussten) und gegen das gehobene und noch lange nicht entmächtigte Kleinbürgertum, mit seinem maßvollen Gebrauch der Semantik. Die alten Eliten und das alte gehobene Kleinbürgertum machen sich über diese Bilder lustig, die eine oder andere kritische Stimme wendet sich nun wiederum gegen solches Geschmacks-Klassen- und Traditionsbewusstsein. Aber beide verkennen vielleicht den wahren Drive dieser Bilder. Hier sitzt der falsche König auf dem Thron, und auch seine Familie besteht aus

Plakat zu einer Aufführung von Alfred Jarrys Stück *Ubu Roi* aus dem Jahr 1922

lauter Falschheiten. Er ist nicht gerecht, sondern selbstgerecht. Er ist *König Ubu*. Über die liberale Erzählung und über die liberalen Selbstbildnisse lacht dieser falsche König so sehr wie über die alten Herren und ihre Traditionen. Der Auftritt von Melania Trump auf dem Parteitag der Republikaner war diesem liberalen Geist eher peinlich. Die plastische Chirurgie hat aus Melania Trump eine Männerfantasie gemacht, die nun wiederum nicht in das geforderte Bild einer fürsorglichen Mutter und verantwortungsvollen First Lady passt. Selbst Teile einer gefälschten Biografie (ein Abschluss im Fach Architektur, my ass) kommen ans Tageslicht. Es stimmt einfach ganz und gar nichts. Und das ist genau das Richtige. Homer Simpson wäre verrückt nach Melania Trump. Die Verachtung des (immer noch) erfolgreichen liberalen Mittelstands wird auf diese Weise zurückgegeben. Das Wohnzimmer der Melania Trump ist ganz offensichtlich eine Form von Überkompensation, es strahlt Rache aus. Rache an jenen mit den hohen Nasen und denen, die das, was Donald auf dem Kopf trägt und das, was Melania unter dem Morgenmantel beim *petit lever* für die Klatschpresse hat, begrinsen, Rache am »Establishment«.

Es ist ein notwendiges Beiwerk des Neoliberalismus, eine Postklassengesellschaft zu begründen, die politisch-ökonomische Trennung so rigide wie möglich zu gestalten, während man gleichzeitig die kulturelle Klassentrennung abschafft. Darin sind die Trumps einfach Meister. Aber es ist auch Reality-TV. Reality-TV funktioniert ja immer nach dem Prinzip »Was wäre wenn« im Allgemeinen und ganz besonders nach dem Prinzip »Setze schräge Menschen in regelhaft codierte Sozialsituationen, auf eine Insel, auf die Hochzeitsparty usw.« Das Prinzip Reality-TV scheint auch im Wohnzimmer der Trumps zu herrschen. Auch hier geht es um das Gewinnen, ganz so, als wäre der Preis, möglichst viel von dem Luxusplunder besitzen zu dürfen. Und auch hier ist der Moment nahe, wo die Kameras abgestellt werden, wo man wieder hinaus- und hinuntergeworfen wird, wo die Lichter ausgehen und die Sets neu dekoriert werden. Verzweifelt nahe. Die Trumps haben sich ein Gefängnis aus schweren Zeichen der Beständigkeit gebaut, weil sie wissen, dass der Traum nicht lange dauert.

Ubus Herrschaft, das spricht ja auch aus jeder Zeile und jedem Affront, ist gar nicht auf Dauer ausgerichtet. Dass in unserem Herrscherbild der Sohn schon eigentlich ausgeschlossen ist, belegt das nur noch. Die unheilige Familie existiert gar nicht wirklich. Politische, sexuelle und familiäre Ding- und Körperzeichen widersprechen einander so heftig, dass es nicht lange auszuhalten ist. Denn was das politische Programm und den schlechten Geschmack ausmacht, das macht auch die Familie Trump aus. Jeder ist so narzisstisch, egoistisch und auch wieder irgendwie tragisch fremd und außer sich, dass sie sich gegenseitig nur zur Staffage nutzen. Es ist das Gegenbild nicht nur der »heilen Familie«, sondern auch das Gegenbild zur liberalen Patchwork-Familie im Dauerkonflikt und endloser »Bearbeitung«. Diese drei Menschen haben viel zu wenig miteinander zu tun, um an die Bearbeitung von Konflikten zu denken. Können wir uns bei den

Die Rechte ist an Räume gebunden: Melania Trump zurück in der Heimat

Trumps einen Psychologen, einen Ehe- oder Erziehungsberater vorstellen? Beziehungsprobleme sind was für den Mittelstand. In einer Trump-Familie hingegen geht es um Geld und Macht.

Die Rechte ist an die Räumlichkeit gebunden. Die Trumps können sich nicht anders inszenieren als in ihrem Besitz, in ihrer Heimat, auch in ihrem Gefängnis. Sie haben einen Teil der Welt gekauft, aber sie sind selber kein bisschen weltläufig. Eigentlich hört die Welt von Melania Trump schon an den Fensterfronten auf; Shoppen gehen ist, wie uns die Begleitbilder zeigen, das einzige große Abenteuer.

Alle Zeichen der Moderne sind ausgeschlossen, alle Verbindungen sind gekappt, kein Telefon, kein Fernseher, kein Computer. Man muss sich selbst genug sein. Die Trumps sind ihre eigene Realityshow.

Und hier kommt die Auflösung. Die Bildunterschrift bei *Getty Images* besagt: »Melania, Donald, and Barron Trump at Home Shoot (This image has been retouched). Donald Trump is wearing a suit and tie by Brioni, Melania Trump is wearing a dress by Halston, shoes by Manolo Blahnik, makeup by Mykel Renner for Kett Cosmetics and hair by Mordechia for yarokhair.com., Barron Trump is wearing a jacket and pants by Papo d'Anjo, shirt by Leon and shoes by Todds. (Photo by Regine Mahaux/Getty Images).«

Wir haben vielleicht zu viel gesehen. Es war alles bloß Reklame. Diesen Donald, diese Melania und diesen Barron Trump gibt es gar nicht. Sie sind Erfindungen der Design-Industrie. Das erklärt manches.

Donald Trump, das wilde Kapital und (k)ein Volk

Lämmer und Hirten

Die Verhältnisse von Macht, Gewalt und Ausbeutung sind so offen, durchschaubar und schamlos, dass man sich nur wundern kann, warum sich die Menschen das alles so gefallen lassen und sich eine politisch und sozial relevante Anzahl von ihnen lieber gegen »Flüchtlinge« wehren will als gegen die Ausbeutung und Ausgrenzung durch die ökonomisch-politische Gewinner-Kaste im eigenen Land. Die verzweifelte Frage danach, warum dies so ist, treibt wohl nahezu alle Linken um und vielleicht nicht nur sie.

Eine verbreitete Erklärung hierfür basiert auf einer angenommenen Dualität von »Elite« und »Volk«. Demokratie, wie wir sie kennen, wäre dann ein Projekt, die Elite gegen das Volk zu verteidigen (mit einem kleinen dissidenten Seitenzweig, auf dem versucht wird, das Volk gegen die Elite zu verteidigen). Diese These gibt es in einer rechten wie in einer linken Version. Ist das Volk die »Bestie«, die durch die Elite gebändigt werden muss, oder ist die Elite das Raubtier, das nur durch eine starke Kontrolle durch das Volk (und eben nicht allein »seine Vertreter«) in Schach gehalten werden kann? Wie in jeder Erzählung, so werden auch hier die Guten, mit denen man sich identifizieren kann, von den Bösen, von denen man sich bedroht fühlt, unterschieden. Zwei größere Erzählungen scheinen sich derzeit herauszukristallisieren: Die eine wünscht sich die gute, alte Elite zurück (die Meistererzählung unserer irgendwie unaufhaltsam nach rechts driftenden Intellektuellen), und die andere wünscht sich das gute, alte Volk zurück (auch wenn es nicht mehr so heißt, sondern »die Masse«, »die Lohnabhängigen«, »die Mehrheit«, »die Bevölkerung« etc.), um endlich wieder zu einer linken Erzählung zu gelangen. Besonders dialektisch ist das alles nicht, vielmehr fällt die Nähe dieser Skizzen zu einer großen Erzählung, zu einer mehr oder weniger religiösen Universalgeschichte auf.

Demokratie und Kapitalismus

Den Grundwiderspruch der Demokratie formulierte schon Aristoteles: Wenn es in einer Demokratie Reiche und Arme gibt, dann liegt es auf der Hand, dass die Armen ihre demokratischen Rechte zu eben dem Zweck einsetzen, den Reichen den Reichtum zu nehmen. Ergebnis: Instabilität. Gegen diesen Widerspruch gibt es nur zwei Lösungen: entweder (wie Aristoteles vorschlug) die Armut abschaffen oder aber die Demokratie abschaffen. Natürlich lag die Lösung in der westlichen Demokratie-Geschichte immer in irgendeiner Form des Dazwischen. In einer kapitalistischen Demokratie – im Gegensatz zu einer Sklavenhaltergesellschaft – ist die aristotelische Dualität auf verschiedene Weise abgemildert. Durch Gesetze und Übereinkünfte: Es werden gewisse ausgleichende Verteilungen vorgenommen, sodass es kaum noch absolute Armut gibt und auch die Möglichkeiten der Reichen nicht unbegrenzt sind. Durch wechselseitige Korruption: Die Armen bekommen etwas vom Reichtum ab, wenn sie gewisse Verhaltensweisen an den Tag legen; die Reichen dürfen sich weiter bereichern, wenn sie den Armen gewisse Vorteile oder Vergnügungen verschaffen. Durch Identitätsstiftung jenseits des ökonomischen Widerspruchs: Religion, Nation, Ideologie, die Konstruktion äußerer Feinde. Durch die Produktion einer in sich widersprüchlichen, produktiven und großenteils willfährigen Mittelschicht, die man weder den Armen noch den Reichen zurechnen kann. Und schließlich durch das, was manchen als das Ausschlaggebende scheint: die mediale Herstellung des Konsenses oder schlicht Propaganda. Doch mit all diesen Techniken von Regieren und »Gestalten« (so nennen es gern ambitionierte Nachwuchspolitiker) ist der Grundwiderspruch zwischen politischer Gleichheit und ökonomischer Ungleichheit – vermittelt überdies durch eine kulturelle Differenz und Differenzierung, von den Bildungsunterschieden bis zu den »kleinen Unterschieden«, von denen Pierre Bourdieu so detailreich berichtete – nicht gelöst, sondern immer nur bearbeitet, vertagt und verdrängt. Der Widerspruch zwischen Demokratie und Kapitalismus erzeugt einen weiteren, sozusagen von der anderen Seite her: den Widerspruch zwischen Stabilität und Sicherheit auf der einen und entfesselter ökonomischer Dynamik und forcierter Reichtumsproduktion auf der anderen Seite. Die Demokratie, die nicht erst seit heute (freilich mit einer bislang nicht bekannten Schamlosigkeit) in den Dienst der ökonomischen Elite gestellt ist oder sich zumindest mit ihr arrangiert, muss wirtschaftliches Wachstum generieren, was nicht ohne gewisse Freiheiten und »demokratisierte« Privilegien geht, und sie muss Stabilität als Rahmen für diese Prosperität schaffen.

Der Widerspruch zwischen Demokratie und Kapitalismus ist so evident, dass wir unsere Geschichte immer nur als eine Zeit vor dem Zusammenbruch, als Aufschub der Katastrophe sehen können. Und zugleich ist dieser Widerspruch so mächtig und bedrohlich, dass man nicht recht leben könnte, wenn man ihn nicht zu verdrängen verstünde. (Denn wir können uns auch an die Mahnung eines anderen antiken Politik-Denkers, Platon, erinnern, der der ziemlich festen Überzeugung war, dass sich jede Demokratie früher oder später in eine neue Form der Tyrannei verwandeln müsse, da sie auf Dauer keine Zufriedenheit herstellt.) Und im Widerspruch zwischen der notwendigen Dynamik und der ersehnten Stabilität entsteht zwischen dem Nutznießer und dem Opfer, nicht selten in einer Person vereint, eine sehr eigene dialektische Verbindung. Komplizenschaft und Hass sind dabei durchaus miteinander verwoben. Die Besitzenden (die »Elite«) und die Arbeitenden (das »Volk«) bilden Mythologien zu ihrer Bestimmung und zu der der anderen sowie zu ihrer Beziehung aus. Doch so sehr es Besitz (an Land, an Produktionsmitteln, an Geld, an Ideen/Rechten etc.) gibt, und so sehr es Arbeit gibt (als Produktivität, als Unterwerfung und als soziale Performance), so wenig »gibt« es das Volk oder die Elite. Es handelt sich um mythische Konstruktionen über materielle Verhältnissen. Es ist durchaus anti-aufklärerisch, den Erzählungen von Volk und Elite zu folgen, als handelte es sich um historische, ökonomische und politische Gegebenheiten. Tatsächlich ist beides nur denkbar als Ineinander von politischer Praxis (konsequent wollen »die da oben« auch oben bleiben, und ebenso konsequent wollen »die da unten« ihren Anteil am allgemein erarbeiteten Reichtum) und kultureller Projektion (die da oben wollen nicht nur da oben bleiben, sondern auch erklären, wie richtig und notwendig es ist, dass sie da oben sind, und die da unten wollen ihren Status in einer Erzählung legitimieren, die auf ein großes Anderes bezogen ist, wenn es sein muss, nicht zu knapp).

Wir müssen also davon ausgehen, dass die Dualität von Volk und Elite kein gegebener, natürlicher Zustand ist (die Mehrheit aller Menschen in einer kapitalistischen Demokratie wird nicht ohne Weiteres erklären können, ob sie auf der einen oder auf der anderen Seite steht, da es doch immer so viele gibt, die noch viel mehr Elite bzw. noch viel mehr Volk sind als sie), sondern ihrerseits gesellschaftlich produziert.

Alte und neue Eliten

Man könnte nun Elite auf drei Weisen definieren: Als ökonomische Elite (die Reichen und Superreichen, die Manager, Banker und Konzernspitzen und ihre Entourage aus Rechtsanwälten, Politikern,

Journalisten etc., kurzum jene, die von der ökonomischen Ungleichheit profitieren), als politische Elite (ein System zu Erhaltung und Erweiterung von Macht in den Händen miteinander so oder so

Charaktermasken unterschiedlicher Fraktionen der herrschenden Eliten freundlich vereint: Die Trumps und die Clintons gut gelaunt

verbundener Menschen, eine Kaste von Politikern mit Techniken von Aufnahme und Exklusion, ein »Establishment«) oder als kulturelle Elite (Wissenschaft, Kunst, Diskurs, auch Mode und Design, die für die Verbesserung einer Gesellschaft sorgen oder auch nicht). Das Ideal der bürgerlichen Gesellschaft war es wohl, dass diese drei Eliten-Funktionen in einer Klasse oder in einer »Kultur« miteinander verbunden sind, gemeinsam auf die gleichen Ziele zusteuern und sich immer wieder zu erneuern in der Lage sind (die großen Romane des 19. Jahrhunderts handeln von kaum etwas anderem, natürlich in Verbindung mit der sexuellen Ökonomie ihrer Zeit). Nur so wären die beiden Aufgaben zu erfüllen, politische Stabilität und wirtschaftliche Dynamik zu vereinen. Umgekehrt war es in dieser bürgerlichen Gesellschaft für jede linke Opposition bedeutsam, Kritik gegen alle drei Formen der Elite zu richten und ihre Zusammenarbeit als Basis der Macht zu erkennen, die Ausbeutung und Unterdrückung verewigte. Man würde die in der Tat oft genügend furchtbare Herrschaft der ökonomischen Elite nur brechen oder wenigstens mildern können, wenn man auch die politische und die kulturelle Elite entmachtete oder transformierte.

Denn eine politische Freiheit kann es nicht geben ohne eine ökonomische Freiheit (nicht jene, die die Marktprediger meinen, sondern eine, die auf Gerechtigkeit, Chancengleichheit, Offenheit basiert), und die wiederum kann es nicht geben ohne eine kulturelle Freiheit (der Information, Bildung, Kunst und Kritik). Anders herum, wer unter den fatalen Bedingungen des mehr oder weniger demokratischen Kapitalismus ökonomisch unterprivilegiert ist, ist es mit einer gewissen Zwangsläufigkeit auch politisch

Das vom Trumpismus berauschte Wahlvolk meinte es mit Hillary Clinton weniger gut und kulturell. Wenn es der Trick der repräsentativen Demokratie war, die politische von der ökonomischen Freiheit abzukoppeln, so ist es der Trick des Neoliberalismus, nun auch die kulturelle Freiheit zu isolieren. Es kann mithin kein »großes« Projekt der Freiheit und der Befreiung geben, sondern nur ein Angebot diverser Freiheiten auf dem Markt. Diese Aufsplitterung betrifft freilich keineswegs nur das »Volk«, sondern beinahe mehr noch die Eliten. Das Augenscheinlichste daran ist wohl die ziemlich radikale Abkoppelung der ökonomischen von den politischen und vor allem den kulturellen Eliten. Und, wie es scheint, versuchen die jeweiligen Teil-Eliten, oder nennen wir sie Post-Eliten, weil wir so schön im Post-Rausch sind, ihre Positionen gegenüber den Konkurrenz-Eliten unter anderem dadurch zu stärken, dass sie sich mit Teilen des, nun ja, Volkes verbinden. (»Volk«, fortan der Einfachheit halber meist ohne Anführungszeichen, ist kein Charakteristikum der arbeitenden Mehrheit, sondern vielmehr ein politischer Zustand, in den man sie bringen kann und in den sie sich manchmal selber bringt.) Aber damit nicht genug, solche Allianzen werden auch gesucht, um Positionen innerhalb der einzelnen, ebenfalls von Erosionen geprägten Eliten zu stärken. In der Erzählung des freundlichen Kapitalismus geht es, nur zum Beispiel, immer wieder um den Konflikt zwischen einem alten Unternehmertum und den »Neureichen« (wie den Trumpisten) – und dieser Konflikt, wir erinnern uns an so viele Romane oder

Trumpistische Superkapitalisten (I): Harold Hamm (Vermögen: 15,3 Milliarden Dollar), Energieminister; der »King of Fracking« stieg vom Tankwart zum Ölmilliardär auf.

Filme, war stets auch ein kultureller. Eine der vielen Varianten ist die »Verbrüderung« eines bestimmten Teils des Kapitals mit dem Volk zu dem Zweck, eine andere Fraktion des Kapitals zu bezwingen. Sehen wir von allem mythischen und medialen Geflecht ab, das unabdingbar notwendig war, um Donald

Trump zum US-amerikanischen Präsidenten zu machen, so ließe sich seine Geschichte sehr einfach erzählen: Das »demokratische« und irgendwie gezähmte, zivilisierte und regulierte Kapital wird

Trumpistische Superkapitalisten (II): Betsy DeVos (Familienvermögen: 5,1 Milliarden Dollar), Bildungsministerin; ihr Bruder Erik Prince ist Gründer der Söldnerfirma Blackwater.

mithilfe eines so oder so berauschten Volkes von einem anarchischen und irgendwie wilden, barbarischen und deregulierten Kapital bezwungen. Das Volk hat seinen Job erledigt, nämlich einen Umbau innerhalb der Architektur der ökonomischen Elite zu ermöglichen.

Ob nun der Neoliberalismus den Zusammenbruch der bürgerlichen Gesellschaft bedeutete oder ob umgekehrt der Zusammenbruch der bürgerlichen Gesellschaft den Neoliberalismus hervorbrachte (Neoliberalismus, wohlgemerkt, nicht nur als ökonomisches System, sondern auch als durchökonomisierte Verhaltensweise und Machtkonstrukt): Festzustehen scheint jedenfalls, dass die neuen Eliten nicht mit den Eliten der bürgerlichen Gesellschaft zu verwechseln sind. Sie haben, nur zum Beispiel, die *checks and balances* der Macht auch innerhalb des Kreises der Besitzenden und der Mächtigen aufgegeben. Zudem legitimieren sich diese neuen Eliten nicht mehr mithilfe der Kultur und der politischen Rhetorik, sondern wählen dazu die Sprache des Entertainments. So entstand, was man in den USA die *post-truth politics* nennt, eine Politik, bei der es auf den Wahrheitsgehalt von Aussagen nicht mehr ankommt, sondern nur noch auf ihren Aufmerksamkeits-, Unterhaltungs- und Emotionswert. Die neue Elite verbündet sich mit dem, nun ja, Volk gegen die demokratische Zivilgesellschaft, die sich, als Instrument einer anderen, nämlich der politischen Elite, anheischig machte, die Verwertungsinteressen des wilden und barbarischen Kapitals zu kontrollieren.

Betrachtet man, was die Befürworter des Brexits, der Präsident Donald Trump, die Unternehmer/Politiker-Dynastien (eher vulgäre Parodien als »codierte« Eliten) oder die deutsche AfD vorbringen, geht es offensichtlich um einen Konflikt nicht nur zwischen der ökonomischen und der politischen Elite, sondern auch zwischen dem universalistischen und dem nationalen Wirkungsrahmen ökonomischer Macht. Und dann gibt es noch eine immer einflussärmere (und deshalb gerne einmal gekränkte, also nach rechts wandernde) kulturelle Elite, die die beiden anderen mit größter (natürlich berechtigter) Skepsis betrachtet. Die neue ökonomische Elite will, um es noch drastischer zu sagen, mithilfe des Volkes sich sowohl von ihren politischen und kulturellen Bindungen befreien als auch den Widerspruch von Globalisierung und Nationalisierung auskämpfen.

Elite und Stabilität scheinen jedenfalls nicht mehr viel miteinander zu tun zu haben. Und die (linke) Kritik kann sich nicht entschließen, ob sie die Elite für ihre (falschen) Entscheidungen, für den Mangel daran oder für ihre Existenz attackieren soll. Stattdessen rückt Hannah Arendts Modell einer Verbindung von Straßenmob und Wirtschaftsmacht bedrohlich nahe. Was in dieser Situation am allerwenigsten nutzt, ist eine linke Variante der großen Erzählung vom »Volk« (oder »der Mehrheit« usw.) und seinem ewigen Kampf gegen die Eliten. Es wäre vielmehr darum zu tun, die

Trumpistische Superkapitalisten (III): Wilbur Ross (Vermögen: 2,3 Milliarden Dollar), Wirtschaftsminister; Investmentunternehmer und Kunstsammler (40 Magrittes), gilt als »King of Bankruptcy«.

Herstellung der Mythen von Volk und Elite einer kritischen Analyse zu unterziehen. Denn beides, Volk und Elite, sind immer nur Zuschreibungen, entweder in der Form der Selbstermächtigung (»Wir sind das Volk!« oder »Wir sind die Experten«) oder in der von Denunziation (die da oben, das »Establishment«, die »Bonzen«; die »Prolls«, die »breite Masse« etc.). Volk und Elite als Zustände oder »Agenten« produzieren sich wechselseitig. Vor allem aber missbrauchen sie einander.

Die Brutalität des Überlebenskampfes des Kapitalismus und seiner Nutznießer macht indes auch vor der Elite nicht halt, im Gegenteil: Politische, ökonomische und kulturelle »Elite« sind offensichtlich schon heftiger in Widerspruch zueinander geraten, als die Diskurse in der Mittelschicht es vermuten lassen. Robert Reich, der ehemalige US-amerikanische Finanzminister, Studienfreund und politische Weggefährte von Bill Clinton, brachte es auf den Punkt: »Es gibt einen Krieg gegen die Armen.« So wäre also die aristotelische Konflikt-Konstruktion als Negation wiedergekehrt: Nicht die Armen benutzen die Demokratie, um die Reichen zu attackieren, sondern umgekehrt wird die Regierungsform zu einem Instrument für einen Klassenkampf von oben. Reich hat in seinem Buch *Supercapitalism* zum einen eine Rückkehr zum Primat der Politik vor der Ökonomie eingefordert. Die Menschen seien gefälligst wieder als Staatsbürger und nicht ausschließlich als »Kunden« zu begreifen. Auch wir kennen das Phänomen, dass wir von unseren eigenen Herrschenden nicht mehr wirklich

Trumpistische Superkapitalisten (IV): Mitt Romney (Vermögen: 250 Millionen Dollar), Außenminister (?); Romney ist Risikokapital-Investor und Gründungspartner der Private-Equity-Gesellschaft Bain Capital.

als Staatsbürger angesprochen werden, sondern als »Kunden« in »Jobcentern« und »Bürgerbüros«. Daher ist es kein Zufall, dass zum Beispiel in der neuen Regierungstechnik des *Nudging* (= Anstupsen) Elemente des Psycho-Marketing, der Verhaltensökonomie und der Werbeästhetik Verwendung finden. Der Appell Reichs gegen den Superkapitalismus mag in Teilen naiv sein, idealistisch, und ganz in der Tradition der US-amerikanischen Politik stehen, wonach die »Selbstheilungskräfte« am Ende doch für die Errettung der Demokratie aus höchster Not sorgen werden, aber gerade darin spricht er über einen Konflikt zwischen der politischen und der ökonomischen Elite, so wie wir zuvor im letzten Drittel des vorigen Jahrhunderts einen Konflikt zwischen der kulturellen und der politischen Elite erlebten. Auch das wäre ja eine natürlich ihrerseits unterkomplexe Erzählung: dass sich eine ökonomische Elite ihrer beiden »verwandten« Konkurrenten, der politischen und der kulturellen Elite, entledigte. Und zwar mit der Hilfe von wem? Genau. Mit der Hilfe des Volkes. Der Mehrheit (in den Wahlkabinen), der Massen (und ihres Geschmacks), der Bevölkerung (und dem statistischen Echo ihres beredten Schweigens). Die Polyfonie, die Mehrdeutigkeit des Markenzeichens »Trump« macht es möglich, dass sich durch seine Macht sowohl die ökonomische als auch die politische Elite umformen lässt, während man die seit Langem ohnehin schrumpfende kulturelle Elite am liebsten gleich ganz ihrem Marktschicksal überließe, am besten als Anhängsel einerseits der Unterhaltungsindustrie und andererseits der »Kreativwirtschaft«.

Trumpistische Superkapitalisten (V): Stephen Bannon (Vermögen: unbekannt), Chefberater des Präsidenten; Investmentbanker und Medienunternehmer; Vater: Telefonkabelverleger (Collage: Sarah Rogers).

In einem netten kleinen Film mit Woody Allen, in dem es um die Beseitigung einer Leiche geht, heißt es einmal: »Du kannst deinen Arsch retten, oder du kannst deine Seele retten. Beides zusammen geht nicht.« Das ist wie eine Ableitung der Zuspitzung des Neoliberalismus: Man kann nur den

Kapitalismus retten oder die Demokratie. Beides zusammen geht nicht (mehr). In einem Akt der negativen Dialektik könnten wir nun klären, dass die (repräsentative) Demokratie seit jeher eine Einrichtung zum Schutz des Kapitals vor dem Volk war. Aber mit solch einer netten kleinen Erzählung ist die Frage nicht beantwortet, ob es eine Elite – anders als das zu beobachtende Verklumpen und Verkleben, das Vernetzen, Vererben, Verkaufen und Bewahren von Macht und Geld – überhaupt gibt, nämlich in der Form eines historischen Subjekts mit Bewusstsein, Zielen, Plänen, Sprachen, Codes und Diskursen. Nur so viel ist sicher: Dringt vom internen »Eliten-Sprech« etwas nach außen, so erscheint es in aller Regel degoutant, anmaßend, zynisch und inhuman. Je näher man »Volk« und »Elite« ansieht, umso seltsamer, widersprüchlicher und obszöner blicken sie zurück.

»Volk«-Werden

Die große linke Erzählung lautet, dass die Eliten, die sich seit Aristoteles' Zeiten immer wieder erneuert haben und sich auch durch die Gesellschaftsverträge nicht wirklich die Macht haben nehmen lassen, als Minderheit die Mehrheit konstant unterdrücken und dass es nicht mehr allein die Gewalt ist, die diese Mehrheit politisch unterdrückt und ökonomisch ausbeutet; Ideologie, Meinungslenkung, Propaganda, Werbung, Manipulation treten an ihre Stelle. In dieser Geschichte wäre Donald Trump ein mehr oder weniger genialischer, mehr oder weniger diabolischer Anwender von medialen Propagandamaschinen. Aber wie ich weiter oben zu klären versuchte, ist er mindestens genauso sehr Produkt einer solchen Maschine, vielleicht sogar ein von seiner eigenen Produktion entfremdetes Produkt. Man könnte sagen: Donald Trump treibt eine Veränderung der Verhältnisse in Kapital, Medien und Politik voran. Genauso aber auch: Die Veränderung der Verhältnisse in Kapital, Medien und Politik erzeugen einen Donald Trump.

Auch diese Erzählung führt daher in eine Zwickmühle. Ist das »Volk« (wir haben an seiner reinen Existenz Zweifel angemeldet) so unwissend, dumm und leichtgläubig, dass es sich von den Propagandamaschinen der Elite einwickeln lässt, so ist es schwer, es als Subjekt von Aufklärung und Umformung zu rekonstruieren; nimmt man es aber von vornherein ernst, so kommt man nicht umhin, dem Volk eine Mitschuld an allen Ereignissen, einschließlich der von staatlicher und ökonomischer Seite begangenen Verbrechen, zuzuschreiben. Das Volk aber wird konstruiert und konstruiert sich selbst genau zu diesem Zwecke, nämlich zur Abwehr konkreter und allgemeiner Schuldzuweisung. Man muss keine Pegida-Demonstrationen und keine AfD-Veranstaltungen besuchen, um zu erkennen: Da sind Menschen, die sich als Volk definieren, zu Untaten bereit, zu denen sie als Einzelne und in individueller moralischer Souveränität mehrheitlich wohl nicht in der Lage wären. Volk-Sein und Volk-Werden hat mit hoher Wahrscheinlichkeit nicht bloß mit einer Verblendung durch verschworene Medien im Dienste der Eliten zu tun, sondern auch mit der Hoffnung auf Beute und Belohnung. Gemeinsam ist dem Volk als Kulturprodukt der Eliten und dem Volk als Selbstermächtigung gegen sie das Virtuelle und Performative.

Die Erzählung wird ein bisschen kompliziert: Auf der einen Seite ist das Fiktive, Gespenstische, Mediale der Trump-Erwählung, das ein Leben in einer zweiten Wirklichkeit, nämlich der Popkultur, voraussetzt, und auf der anderen Seite steht die Feststellung: Viele wirkliche Menschen haben Trump wirklich gewählt. Weder weil sie ihn missverstanden hätten, noch weil sie von seinen Inszenierungen geblendet und berauscht gewesen wären, sondern weil sie genau ihn und seine Politik wollten. Auch hierzulande versucht sich der demokratische Diskurs zu bewahren, indem er Pegida- und AfD-Anhänger »versteht«. Er spricht »dem Volk« die Fähigkeit ab, das zu tun, was es wirklich will. Nur als Opfer, nicht als Täter sind die AfD- (oder Trump-)Wählerinnen und Wähler »heim« in die alte demokratische Erzählung zu holen. Es ist der Versuch einer unterlegenen Fraktion der »Elite«, die Niederlage zu negieren.

Was ist also von einer Erzählung zu halten, die »das Volk« viktimisiert und alle Bosheit, Ignoranz und Niedertracht dem Wirken der Propagandamaschinen im Interesse der Eliten zuschreibt? Nun könnten wir erklären, dass Volk-Sein weder eine Natureigenschaft des Menschen noch ein kulturelles Ideal ist, denn wer sich als Volk versteht, kann dies nur in Bezug auf zwei Gegenpole tun, nämlich in Bezug auf die anderen »Völker« (also die Fremden, die nicht zu uns gehören) oder auf die Herrschaftsverhältnisse und Regierungsformen. Gibt es keine Herrschaft, dann gibt es auch kein Volk; gibt es universale Menschenrechte, dann gibt es kein Volk, jedenfalls nicht als politisches Subjekt, sondern als (zivilisierte, bitteschön) nostalgische Folklore, als gepflegte Erinnerung an vergangene Zeiten oder als Reenactment eines Stadiums des Humanismus, weit vor seiner Erfüllung. Wenn das Volk in Beziehung auf diese beiden Gegenpole begriffen wird, dann liegt der Widerspruch eben genau hier: Menschen, die unbedingt Volk sein wollen, können nicht gleichzeitig wirkliche Demokratie wollen, die

Trumpistische Demonstranten: Volk-Werden

per se einerseits keine »anderen« kennt, sondern nur ein universales Menschenrecht, und die andererseits Herrschaft als institutionalisierte Macht ablehnt. Anders, und fundamental gesprochen: Wer die Demokratie im Namen des Volkes zu verteidigen meint, hat sie schon aufgegeben. (»Wir sind das Volk!« hieß eine Parole, die zuerst die Demokratie einforderte und dann ihre Abschaffung.)

Das extreme Misstrauen gegenüber dem »Volk« hat indes nicht das Geringste mit der Verachtung von Menschen zu tun und schon gar nicht mit der Idee, »etwas Besseres« zu sein. Das Gegenteil von Volk ist nicht Elite, sondern Humanismus. Das Gegenteil von Elite ist nicht Volk, sondern Aufklärung. Denn Volk ist der Mensch weder von Natur aus noch durch göttliche Fügung. Und Elite ist er nur, wenn er seiner Macht auch semantische Stabilität verleihen kann. In diesem Sinne ist nun in der Tat Donald Trump zwar Gewinner, Imperator, Tyrann und vieles mehr, und er arbeitet zielstrebig, an einer Nachhaltigkeit seiner Macht, und sagen wir ruhig, an der weiteren Abschaffung der Demokratie, aber er ist nicht Elite (das wird auch das nächste Kapitel zeigen).

Die Fakten sind egal

Aber was dürfen wir hoffen? Ein Kern der weit verbreiteten Erzählung lautet: Die Menschen müssen die richtigen Informationen erhalten, dann entscheiden sie sich auch richtig, nämlich für ihre eigene Freiheit. Der Neoliberalismus hat auch diese Rückbindung von Urteil und politischer Handlung an die Faktizität aufgehoben. Programmatisch dabei war wohl George Bushs kategorische Erklärung aus dem Jahr 1988 nach dem Abschuss eines iranischen Passagierflugzeugs durch ein US-amerikanisches Kriegsschiff, bei dem 290 Zivilisten ums Leben kamen: »Ich werde mich niemals für die Vereinigten Staaten entschuldigen. Die Fakten sind mir egal.« Diese Aussage war zugleich imperialistisch und populistisch. Und sie scheint so etwas wie ein Urknall der *post-truth politics* zu sein, nämlich eine Ermächtigung dazu, im eigenen Interesse von allen Fakten abzusehen, eine irrationale Konstruktion (»die« Vereinigten Staaten) über ein menschenrechtliches, demokratisches und aufklärerisches Grundgebot zu stellen.

»Die Fakten sind mir egal«, das war nicht nur aus Versehen so dahingesagt. Es war das Programm, das die nächsten Kriege begleitete, Politik zu einem Schauspiel von Herrschaftsbildern machte und schließlich, nur wenige Jahre später, zum Fundament des Neoliberalismus wurde. Die Fakten sind egal, das ist schließlich auch das Programm des Rechtspopulismus, und wenn Donald Trump nicht wirklich so uninformiert und ignorant ist, wie er im Wahlkampf auftritt, dann müsste er das inszenieren. In ihm haben die *post-truth politics* einen idealen Vertreter, nämlich einen, in dem als Person und Maske der Widerspruch zwischen Elite und Volk vollkommen aufgehoben ist.

Das Interesse der ökonomischen Elite und der Wunsch von Menschen, die sich als das Andere sehen, als das »Volk«, scheinen miteinander zu verschmelzen. Mit einem klassischen Top-Down-Manipulations- und Verschwörungsmodell ist das ebenso unzureichend erklärt wie mit einem Modell von »Volk«, das »gut« (also demokratisch, gerecht und aufgeklärt) wäre, wenn man nur die unentwegt arbeitenden Manipulationsmaschinen abstellen würde.

In den *post-truth politics* ist schwerlich aufrechtzuerhalten, dass die Mehrheit der Minderheit folgt, weil diese die Kunst beherrscht, ihr Handeln unsichtbar zu machen. Ist der Mensch nicht als Bürger, sondern als Kunde oder Publikum definiert, so ist nur zu verständlich, dass er zum einen mit den Mitteln des Marketing »überzeugt« werden soll und dass er andererseits nur so viel wert ist, wie er »Kaufkraft« einzusetzen vermag. Es kommt nicht darauf an, was er will oder kann, sondern darauf, was er, im doppelten Sinne, abkauft. Trumpismus bzw. Populismus und »Superkapitalismus« treten stets gemeinsam auf. Die Menschen sollen nicht mehr erkennen, sondern kaufen, was ihnen gefällt und was sie sich leisten können.

Dass der Linken ihr Subjekt abhandengekommen ist, das immer wieder neue Namen bekam, das Volk, die Arbeiterklasse, die Massen, die arbeitende Bevölkerung, die 99 Prozent usw., lässt sich schwerlich von der Hand weisen, ebenso der Umstand, dass sie nachvollziehbarerweise eine gewis-

***Post-truth*-Politiker: Trump, George Bush sen.**

se Berührungsangst gegenüber dem aufweist, was da als gespenstische Wiederkehr von alledem auf den Plan getreten ist, eben jenes Volk der »besorgten Bürger« in den rechtspopulistischen Bewegungen, jenes vor der Glotze verblödende und jedem Konsumirrsinn nachlaufende Volk, jenes Volk, das sich nicht befreien will, sondern ganz im Gegenteil nach strengeren Formen der Herrschaft verlangt, das Ungerechtigkeit und Gewalt nicht etwa abschaffen, sondern nationalistisch und rassistisch verschärfen will.

Ist es einmal so weit gediehen, dass sich »das Volk« und »die Linke« so weit voneinander entfernt haben, wie es augenblicklich der Fall scheint, ist eine Zwickmühle aufgetan: Wer sich »diesem« Volk wieder anzunähern versucht, zum Beispiel auf die Sahra-Wagenknecht-Art, erhält den Stempel der Kapitulation vor dem »rechten Rand«; wer das rechte Volk, kultiviert vielleicht, verachtet, muss sich gegen den Stempel des Elitären zur Wehr setzen. Der Stand der Dinge kann nur so beschrieben werden: Das Volk und die Linke haben miteinander nichts gemein. Dies freilich wäre nur dann eine schlechte Nachricht, wenn die Linke auf den Begriff »Volk« hereinfällt, den die Rechte und der Neoliberalismus vorgeben, nämlich im Sinne einer nationalistischen und rassistischen Menge von Kunden, die sich nicht um Erkenntnis und Krtitik, sondern um Wunscherfüllung und Psychose sammeln. Vielleicht tut die Linke gut daran, dem Thatcher-Dogma des Neoliberalismus, nach dem es keine Gesellschaft gibt, ein eigenes entgegenzusetzen: There is no such thing as »Volk«.

Nachklang

In den 1960er Jahren hatte sich, gegen enormen Widerstand, auch in den westlichen Industriegesellschaften eine linke Erzählung entwickelt: dass es möglich ist, durch Vernunft, Moral und Mitgefühl die Welt zu verbessern. Angesichts der mächtigen Gegenerzählung von der Heilkraft, der Gerechtigkeit und der Fortschrittlichkeit des Marktes hatte sie auf Dauer keine Chance; erst recht nicht gegen die alltäglichen Annehmlichkeiten, gegen die Evidenz von Kühlschränken und Fernsehern und die vielen kleinen Freiheiten. Als die linke Erzählung an Attraktion und, gewiss, auch an Glaubwürdigkeit verloren hatte, trat an ihre Stelle, vom Pathos und Größenwahn gereinigt, so schien es, die Erzählung von der demokratischen Zivilgesellschaft mit sozialem und ökologischem Gewissen. Im Großen und Ganzen war und ist diese Erzählung defensiv. Es geht nicht darum, was man zu erreichen und zu träumen hätte, sondern darum, was es zu verteidigen gilt: Natur, Kultur, Menschenrechte und Demokratie. Auch diese Erzählung neigt sich, mit der Ohnmacht gegenüber den Wirkkräften des Neoliberalismus und dem Erstarken der rechtspopulistischen Bewegungen, angesichts der autokratischen, postdemokratischen Regimes und des Fatalismus gegenüber einem faschistischen Bodensatz der Gesellschaften, dem Ende zu. Der Wahlkampf zwischen Hillary Clinton und Donald Trump musste gelegentlich so scheinen, als hätte das Publikum nur die Wahl, welche Form das Ende dieser Erzählung annehmen würde, nicht aber, ob sie vielleicht noch zu retten sei. Der Sieg Trumps wurde in diesem Essay nicht »erklärt«, er ist auch nicht wirklich der Kern unserer Geschichte. Sie handelt davon, dass die Demokratie, so wie wir sie kannten (so sagt man wohl), mit allen ihren Schwächen und Widersprüchen, nicht mehr der Normalfall sein wird und dass ihre Erzählung langsam im Nebel eines Diskursmärchens verschwindet.

Was ist, wenn die Demokratie nicht weiter mehrheitsfähig ist (ihre innere Drohung seit Platons Zeiten)? Und wenn sich die zweite Erzählung, die Pop-Mythologie mit ihrer blutigen Wahrheit und ihren von Grenzzäunen geschützten künstlichen Idyllen, unwiderruflich über die erste, die von Aufklärung und Recht, schiebt? Was ist, wenn die Rechte von Frauen, von Schwulen und Queeren, von Dissidenten und Kritikern, von Flüchtlingen und Migranten, nicht mehr gelten sollen, weil »das Volk« und »der Markt« es so nicht mehr wollen?

Was ist, wenn Donald Trump und der ökonomische, politische, kulturelle und sexuelle Trumpismus nicht schlimme Episode bleiben, die von einer widerständigen Zivilgesellschaft beendet wird, sondern institutionalisiert werden, als Ergebnis eines Umbaus der kapitalistischen Architektur? Was ist, wenn sich die ökonomische Elite, vielleicht in eigenem Überlebenskampf, von allen politischen und kulturellen Kontrollen befreien will und sich dafür das passende Volk erfindet? Was ist, wenn die Spielregeln von Diskurs und Wahl, von *checks and balances*, von Rechtsstaatlichkeit und Humanismus nicht mehr gelten sollen? Was ist, wenn die Klärung der Fakten durch die Produktion von Affekten ersetzt wird? Was ist, wenn Demokratie zum »Volksverrat« erklärt wird? Was ist, wenn mediale Kunstfiguren oder Phantasmen der kollektiven Triebsteuerung die Macht übernehmen? Was ist, wenn sich ökonomische Interessen und politische Macht so einfach miteinander verbinden lassen, dass eine vollkommen neue, indifferente Form der Herrschaft entsteht, politisch-ökonomische Imperien, die gestern noch wüste, dystopische Science-Fiction waren? Was ist, wenn das Volk die versprochenen Opfer und die versprochenen Belustigungen einfordert? Was ist, wenn jede kritische Frage beantwortet wird mit »You're fired!«? Was ist, wenn die Grenzzäune als Spektakel wachsen und statt Arbeit nur noch Security, statt Nahrung Waffen für alle produziert werden? Was ist, wenn sich der Glaube an *freedom and democracy* von Trump nie mehr erholen wird?

Die Demokratie ist nicht zu retten. Es sei denn, man würde sie neu erfinden.

Fotonachweis

10, 11: Michael Henninger, Post-Gazette; 15: Riaz786; 18: Archiv des Verlages; 19: askideas.com; 21: Internet; 25: CNBC; 27: www.yahoo.com; 28: www.centives.net; 30: www.luxatic.com; 34: Archiv des Verlages; 35: www.thestar.com; 38: Playboy Enterprises; 40: www.fortunedotcom.files.wordpress.com; 41: www.vice.com; 43: Valerie Macon via Landov; 49: www.worldlifestyle.com; 51: Lucasfilm; 55: Gracie Films / 20th Century Fox Television; 61: Washington University; 64: www.officialpsds.com; 65: achapman photography.blogs.lincoln.ac.uk; 71: twitter.com; 73: Funny or Die; 78: www.destination360.com; 79: www.sammyboy.com; 79: www.sfcitizen.com; 80: www.buzzfeed.com; 84: Regine Mahaux/MT, Getty Images; 88: Armin Linnartz / wikipedia.org; 88: www.sudinfo.be; 96: Marc Nozell / commons.wikipedia.org; 102: wikipedia.de; 105: Regine Mahaux/MT, Getty Images; 113: www.worldlifestyle.com; 115: Internet; 117: Jim Seida / NBC News; 118: curmudgucation.blogspot.de; 121: www.liberation-news.org; 123: www.privateequityoperationaldue diligence.com; 125: Sarah Rogers / The Daily Beast; 130: www.newstatesman.com; 134: www.worldlife style.com